# CARVEN

# 卡纷

# 卡 纷

CARVEN

## 始于1945年的法式优雅

L'ÉLÉGANCE À LA FRANÇAISE DEPUIS 1945

〔法〕多米妮克·波尔韦（Dominique Paulvé）———— 著

〔法〕多洛莱丝·马拉（Dolorès Marat）———— 摄影

戴 捷 ———— 译

重庆大学出版社

卡纷夫人是一位具有冒险精神的旅行家……

1964 年便在亚洲展示了她的服装系列，

并于 1972 年成功进入亚洲市场，开设专卖店，

为新的客户群体的衣柜增添了色彩。

她希望帮助女性通过时尚坚持自我，

大胆尝试各种风格。

她在 80 岁高龄时仍然严格控制饮食，每天晨练。

挑战是卡纷夫人日常的一部分，

不论是在生活里还是在创作时，

她始终像战士一样无所畏惧。

人们常说，没有人是不可替代的，

但是卡纷夫人却是不可超越的。

她在百岁高龄离世后，

给时装界留下了巨大的空白，

也在认识并爱戴她的人们心中留下了遗憾。

卡纷夫人将永远留在我们心中。


**多米妮克·波尔韦**
2020 年，巴黎

SOMMAIRE

目 录

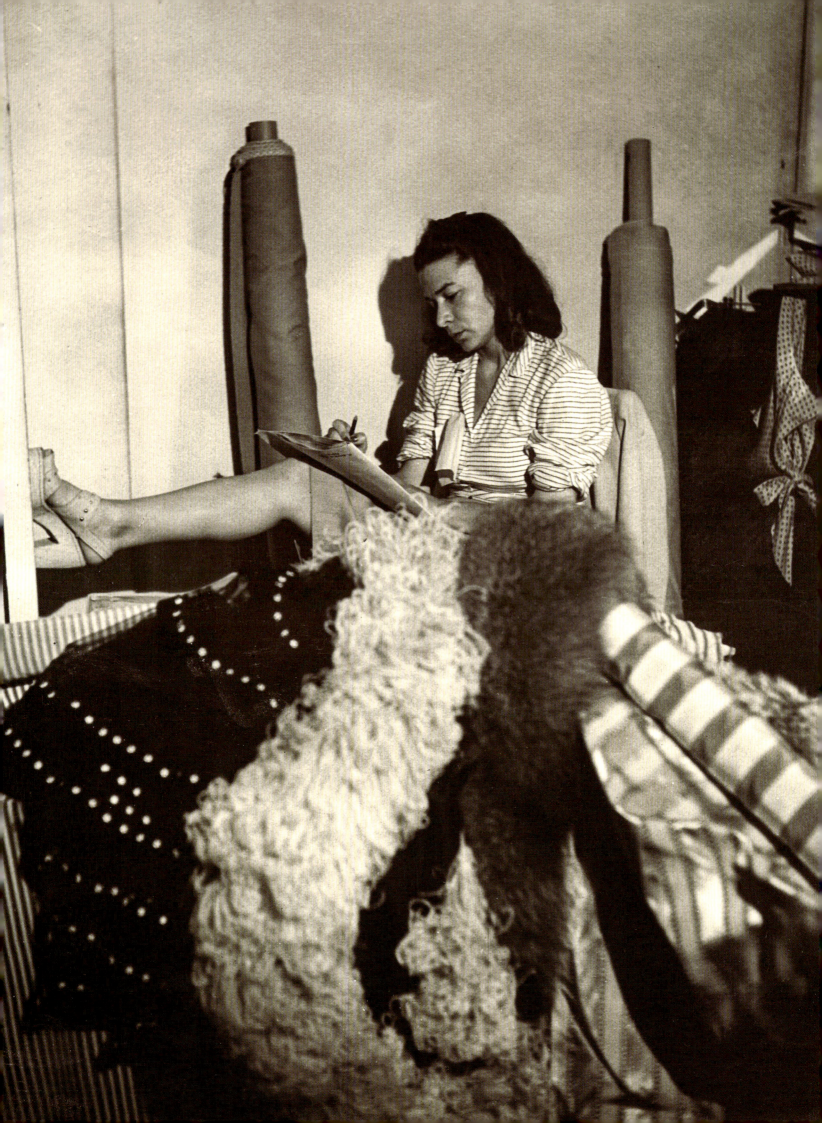

# 前言

卡纷夫人肖像
作者：雅克 - 亨利 · 拉蒂格
（Jacques-Henri Lartigue）
图片来源：卡纷夫人私人收藏
摄影：多洛莱丝 · 马拉

本书于 1995 年在巴黎首次出版，介绍了卡纷夫人的生平和她的时尚事业。这本精美的著作由文采斐然的多米妮克 · 波尔韦执笔，著名摄影师多洛莱丝 · 马拉受邀翻拍档案服饰，呈现了丰富且感性的图像。

今天，在中国品牌"之禾"创始人陶晓马和叶寿增的支持下，这部已经绝版的作品得以再次面世，并将译成英文和中文在全球发行。这将是一次跨越时间和国界的"对话"。

如今，之禾作为一家国际企业，在巴黎开设了设计工作室与工坊。自 1997 年成立以来，之禾一直以环保为己任，以可持续发展和自然为设计理念。其发展建立在东方哲学与西方文化的和谐共融之上，正因如此，之禾集团于 2018 年收购了与其分享相似价值观的法国高级时装品牌卡纷。

卡纷夫人于 1945 年创立了自己的时装屋。几十年来，她代表了 20 世纪后半叶的活力和对生活的热情。她将草绿色作为代表色，为所有女性，尤其是身材娇小的女性设计时装，并带着她的设计系列在全球展出。作为一位自然爱好者，卡纷夫人喜欢花草和动物，并将它们融入设计元素。

卡纷夫人留给我们的不仅是一种风格，更多的是她活泼开朗的精神，这在今天尤其具有现实意义。她的时尚总是"清新"的，她的开朗始终陪伴她直到生命的最后一刻，还有她的朴实和大方，这些都是我们这个时代取之不尽的灵感来源。

目录前页：
在工作室的卡纷夫人，布罗茨基（Brodsky）先生摄于 1947 年前后。

目录后页：
微笑的卡纷夫人，乔治 · 图吉曼（Georges Tourdjman）摄于 1995 年。

今天，卡纷回归本源，在巴黎香榭丽舍大街圆点广场 6 号开设了精品店，这里也是卡纷品牌的创始地。新的团队接过了她"永远年轻"的时尚火炬，而极具现代性的卡纷精神无疑是打造卡纷未来的基石。

愿卡纷夫人的自由与想象永远激励我们的时代！

**斯特凡纳·瓦尔涅**（Stéphane Wargnier）
原法国高级时装公会执行总裁

卡门·德托马索
（Carmen de Tommaso），
摄于 1935 年前后。

**右页：**
曾经属于罗素（Roussel）女士的晚礼服。奶油色真丝绉纱露肩连衣裙，配以珍珠刺绣，真丝水钻和蔓藤花纹效果。
1950 年前后。
图片来源：卡纷夫人私人收藏
摄影：多洛莱丝·马拉

## L'ATMOSPHÈRE D'UNE ÉPOQUE

# I

# 时代气息

1941 年，巴黎卢森堡公园的花坛里，不可食用的玫瑰花被大葱和豌豆所取代。
图片来源：*L' Illustration* / Sygma

1945 年 5 月，经历了"黑暗年代"的巴黎重新昂起了头，女人们高调而骄傲地穿上了应季服装，纷纷戴起了毡帽、风信子装饰的软帽或是玫瑰花装饰的罗缎帽，高贵且优雅。

正如玛蒂娜·乐涅（Martine Rénier）女士在当月的 *Fémina* 杂志上所说："锁不住的阳光，禁不了的夜莺，巴黎仍是巴黎。第二次世界大战胜利后，这种赋予世界女性之美的天赋，将是重振法国的最宝贵因素之一。"彼时，巴黎的服装工坊终于重新开张，去打扮被束缚五年之久、极度渴望时装的女士们。

然而，在从 1939 年 9 月开始的这段艰难岁月里，法国女性的聪明才智和创造力已经得到充分的展示。半年来，她们用已有的衣服勉强装扮自己，时不时地添加一些必要的点缀，比如用大披肩的流苏掩盖裙边的磨损，或者在肩膀上随意披件雨衣遮住破损的上衣。1941 年 2 月 11 日，一项新法律（7 月 1 日正式生效）规定民众必须使用"积分卡"购买一切服装和纺织品。百货公司因此出现了抢购潮，货架上的商品被抢购一空。在裁缝铺，普通消费者用两件"可用作他途"的旧衣可以换到一件新服装……很快，毛呢没有了，皮革没有了，丝绸没有了，什么都没有了。"他们夺走了我们的一切"，成了每个人挂在嘴边的口头禅。当时，化妆和染发均遭到禁止，服装制造业的原材料被严格控制。

左页：
手工毡帽。蓝、白、红色条纹缎面蝴蝶结搭配花式面纱。1944—1945 年，来源未知。
巴黎时尚博物馆收藏。
德尔皮埃尔（Delpierre）小姐捐赠。
馆藏编号：1981-107-16
摄影：多洛莱丝·马拉

布洛涅森林，德拉奇与德拉哈耶
汽车消失了，优雅的妇女们乘坐
简易的马车，摄于 1944 年夏。

右页：
带可拆卸裙撑的著名小黑裙，
由巴伦西亚加先生发明，他是
"设计师中的佼佼者"。
摄影：乔治·萨伊德
（Georges Saad），
图片来源：巴黎世家博物馆

占领者是否有意消除巴黎女性"恼人"的而又出了名的优雅？他们真以为可以把平庸的柏林时尚强加给法国吗？那就走着瞧！奇迹的时代即将拉开帷幕，急于保住声誉的巴黎女性开始"自救"，其效果令她们自己都感到惊讶，最终得以延续时尚的传奇……如果他们夺走了一切，我们就"从零开始"！

整个法国，尤其是在巴黎这座"世界优雅之都"，创造出前所未有的布料，使用那些已经过时了的颜色，改变材料用途，为除了想象力之外，什么都缺的巴黎女性创造了一种极其时髦的风格和姿态。通过玩弄规则嘲讽占领者，这是属于时装界的"抵抗"方式。

"她们是怎么做到的？"戈林（Goering）在高级场所暴怒道，"她们有的衣服太多，其他的又太少。我要让她们明白什么叫维护德意志帝国的利益！"

自此，法国女人要"更新"衣橱，便只能持"服装卡"，每年限购两条连衣裙、两件围裙（对当时的家庭主妇来说，这比一件绉绸睡裙更有用）、一件雨衣、两副冬季手套、一件冬季大衣、三件衬衣、两件连体衣、三条内裤、六双袜子、六条手帕……

在此之前，时装品牌每年举办两次新系列发布会。为了鼓励追求优雅时尚的步伐，马塞尔·罗莎（Marcel Rochas）用家具店里买到的材料装饰细节，比如窗帘流苏、花边和胸饰、系绳变腰带等。但是做一条连衣裙只允许用三米布，太少了，于是巴伦西亚加（Balenciaga）发明了一种可拆卸的"裙撑（à pouf）"，出席晚宴时只需在日间裙上加上迷人的小装饰。畏寒且有远见的珍妮·浪凡（Jeanne Lanvin），推出了一种用新面料制作的保暖睡衣，并取了一个令人回味的名字——"柔暖（Plus-Dhous）"。艾尔莎·夏帕瑞丽（Elsa Schiaparelli）一如既往地务实且怪诞，在访问救世军和佐阿夫兵团期间（夏帕瑞丽女士是佐阿夫兵团的支持者），同时也是她在纽约开店前，她为那些家里不再有帮佣的客户们在长裙上加上绉纱围裙，以鼓励她们去做饭或做园艺……私人司机没有了，希斯巴诺汽车和汽油也没有了，巴黎女人在

由于燃油限制和汽车短缺，拥有健美腿部的美丽的女骑手们成为香榭丽舍大街上一道亮丽的风景。
图片来源：雅克 - 亨利·拉蒂格
摄影之友协会

包里放上一个芒更（Manguin）设计的裙下摆荷叶边，出地铁口去剧院时匆匆把它别在出行的裙子上。出于实用性考量，不论是针织还是用丝带制作的口袋（因为缺乏布料），都要足够大，好放得下所有物品，它甚至代替了手提包，以防骑车时失去平衡。随后"小女王"（自行车）成为巴黎街头的"女皇"。裙裤衬托了女性们美丽健壮的小腿，裤腿要足够短，以防新手在雨天骑行时将水溅到衣服上。

因纸张稀缺，为数不多的能找到纸张继续出版的时尚杂志让巴黎女人朝思暮想，帮助她们"挺过"这段艰难岁月。科莱特（Colette）在《临窗看巴黎》一书中写道：

"那些谈论奢侈品、描绘身材纤细轻盈的年轻女子的书页，我有什么理由不去欣赏呢？满纸都是愉悦与舒适，看似无足轻重，但每一张充满笑容的照片、每一个轻盈的举动、每一道优雅的褶裥、每一件饰物都是经过长期斟酌的，优雅尽在其中。哪怕是金属、皮革、别针、羽毛等细节，甚至对化妆品和香水的研究，这一切都在表达着一种微笑的意志，也是当时各行各业所坚守的精神，并终将结出丰硕的果实、开出美妙的花。"

如今谨小慎微、囊中羞涩的客户，不会涌向时装和高定沙龙去挑选玫瑰金丝布，或是略有瑕疵的珍珠、一块天鹅绒，亦或是波点丝绸。她不那么天真也不奢侈，她懂得"解读"时尚并稍作变换；况且，精美的作品并不只是为了让人看见、着迷，然后再被抛弃，它们是一面旗帜。"镶片连衣长裙"变成一身黑衣，兔毛代替了水貂皮，一切看似完美，如果没有所谓的"帽子时代"（"帽子时代"引自莫里哀的《屈打成医》）。

多亏有帽子，女人们终于纾解了对时尚的渴望。帽子不像裙子一样容易磨损，改装也不费周折。别忘了，草编、丝带、花边，这些都不限购……如此，头上的帽子仿佛一个"食物柜"！各种盘中物都可以放上去：葡萄串、橄榄、樱桃，还有斑鸠标本、鸡毛、丝带、短面纱、染色木屑或花束，这还不一定是最有品位的……既然没法玩乐，至少能拿"限购"开个"玩笑"！哪怕是"不喜欢戴帽"的人也做出了努力："不戴帽子？那是因为需要骑车！"制帽商波莱特（Paulette）说道，因此她改进了头巾式女帽，使其便于骑行，人们也不用再担心理发师短缺的问题了。

报纸上的标题也很能说明当时的流行趋势："如何把老式大衣改成翻毛大衣？""巧变降落伞为婚纱""自制小配饰""哇！好暖和的手笼！""想要冬大衣？给狗狗剪毛！"……

如今那些让我们叹为观止的设计"新贵们"和"时尚的权威们"的作品，都与"占领时期"充满创造性的想象力和实用性相契合。她们

奥特伊跑马场，女人们竞相展示自己的优雅，她们头上戴着"食物柜"，将家居装饰变成套服的花边，1945 年 3 月。
图片来源：*Lapi / Roger-Viollet*

木头取代了皮革，被用于男士鞋履的制作。1941 年 7 月。

图片来源：*L'Illustration* / Sygma

用稻草制作精美的手提包，将风格不一的毛线艺术性地混织成具有异国风情的毛衣，一次次地将妆奁里的亚麻床单染色，从最浅染到最深，只为裁剪出一条春秋两季可穿的小裙子。奔赴前线的爱人的衣橱也被精心整理过，邻家小裁缝会严格按照夫人们的尺寸将燕尾服裁剪成合身的女装，而她们的外套也以同样的方式被改成背心或短上衣，至于她们的马毯，则从中间切开一条缝，镶上从旧衬衫上裁下的棉饰条或细花边，变成一件雅致的披风。房中装饰物也不放过，窗帘被裁剪成了连衣裙或是晚礼服……五年来，人们艺术性地让一切所谓的布料或者相似的材料"回归""翻新"或是"更新"；人们发明的新材料，虽略有保守主义色彩，却充满幻想。头发、马鬃、木头、纸张、软化的纸板、晒干的果蔬皮，最绝的是兔子皮毛，其优点是可以同时用来做兔肉酱和内衬……"抵御寒风！"*Marie-Claire* 杂志的标题横贯两个版面："有了这顶风帽和配套的手套，你们就可以藐视'冬将军'了！为此你需要 40 cm×140 cm 的呢绒，25 cm 的缎面内衬和两张兔皮……"从 1940 年的冬天开始，巴黎女人便以不可思议的别致风格叠穿各种衣服。这可不是时尚的心血来潮，而是因为那是 20 世纪最冷的冬天之一。谢天谢地，皮草是可以自由买卖的，而有钱人可以用水貂或是黑貂保暖；小康家庭的妇女只能把报纸缝进大衣里，用剩下的渔网编织手套，用旧毛毯制作护腿，或者在木制或藤制拖鞋里套上棉鞋。

自 1941 年春天起，关于制鞋的法律开始生效，其中规定"禁止使用天然皮革或毛皮、人造革、各种纺织品、编织毡、毛毡和碎毛、油布、漆布、橡胶，以及所有可能的软木和皮革混合物……"但别指望法国女人会光脚！不是禁止皮革吗？那就用格子布或花布、呢绒、刺绣、草编面料做鞋，用木头做鞋底。当人们去鞋匠店做木底皮鞋、长筒靴或其他铰接木板鞋底时，会开玩笑地说："我去找木匠。"木鞋底穿起来很难受并且沉甸甸的，迫使女人们不得不重新学习走路。科莱特悲叹道："孩子们的脚可是受罪了。他们对付走路脚疼最好的办法，就是干脆脱掉鞋子。我无论冬夏都只穿凉鞋，因此在街上常常被人嘲笑。但只要

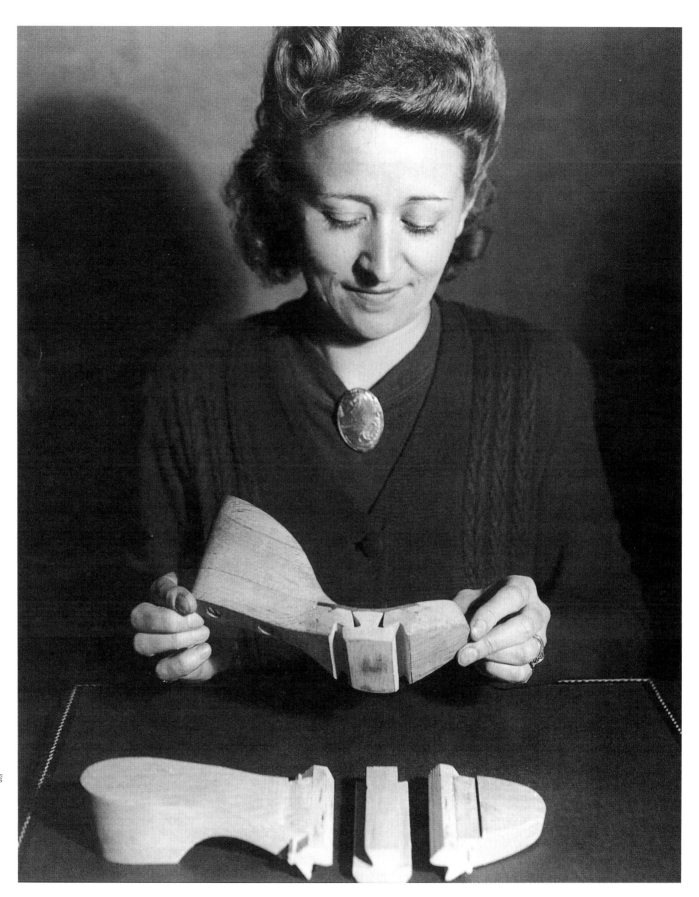

木底鞋展示：
尽管制作巧妙可以弯
曲，但重量可不轻！
1942—1943 年。
图片来源：
A. D. P. Keystone

12.　　　　　Perplexité !

幽默艺术家波尔·费尔雅克（Pol Ferjac）
受罗丹的《思想者》启发，以自己的方式
诠释服装受限的窘迫。
丰裕之角出版社，《无票》，1943 年。
作者：亨利·莫尼耶（Henri Monier），
波尔·费尔雅克

穿得舒服，管它什么冷眼，所有的悲苦总会到头。别人的嘲讽反而激发了我的好胜心。看看法国人如何怀疑自己国家的价值吧！就在这周，一位脚拇指外翻的女士拦住我问：'我也想穿凉鞋……但您穿的这种只能从意大利购买，只有意大利鞋匠才会做凉鞋……'一个疲惫的男人走向我：'请问……您的凉鞋是瑞典制造的吧？只有瑞典鞋匠才知道如何做出舒服的凉鞋！'"

"当我坦白是从一个普通的法国手艺人那里买的鞋子时，无论是脚骨不整的女人还是迷信瑞典的路人，似乎都不相信我的话。"

佩鲁贾（Perugia）发明了网状的轻便凉鞋；他的意大利同行菲拉格慕（Ferragamo）则因楔形鞋底而家喻户晓。

每个创新都被炒得沸沸扬扬。"这个冬天要保暖，穿上长裤配木底鞋！"这是巴黎绍塞 – 昂坦街一家店铺挂出的横幅。

著名服装设计师们在宣战时谨慎预留的面料，很快就用完了。他们只能用德国人提供的面料制作衣服，而布料供应量根据上一季的营业额和与占领者的"配合度"来计算……那些"遗憾布料不足"，无法满足长靴将军夫人们需求的设计师们只能"自救"，要么客户自带布料，要么与其他同行交换（比如一批漂亮的纽扣可以交换几米上好的内衬）。那些不在乎价格的客人们的最后、最佳的方案，就是从黑市购买。

尽管如此，时装业也以自己的方式尽可能地做出了抵抗。首先是颜色的选择：蓝色是"马奇诺防线"和"英国皇家空军"，红色代表"外籍军团""火箭"或"荣誉军团"，灰色是"战机"。这些颜色就像苏格兰格子一样，在当时非常流行。人们自发地穿上蓝色、白色、红色衣服，虽然这在当时是被禁止的，尤其是 7 月 14 日当天。毛皮品牌"马隆（Marron）"甚至推出将海狸毛染成红色和蓝色的时装，并在系列中巧妙地把白山羊大衣和这两件衣服同时展出……珠宝商梵克雅宝（Van Cleef & Arpels）的主推款是"绶带"，一款金光闪闪的别针，但形状很容易让人联想到军徽……人们将它别在套装的翻边上。设计师以卡地亚（Cartier）的橱窗为灵感设计了"笼中鸟"胸针，第二次世界

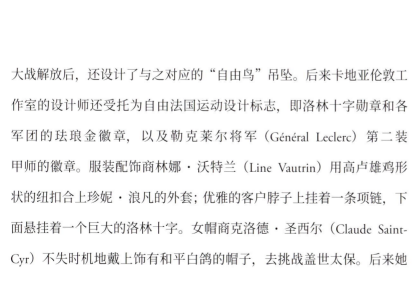

梵克雅宝的"绶带"别针由软金链和抛光的金片制成的铰接流苏组成，让人联想到军徽……1943 年。
图片来源：梵克雅宝资料档案馆

大战解放后，还设计了与之对应的"自由鸟"吊坠。后来卡地亚伦敦工作室的设计师还受托为自由法国运动设计标志，即洛林十字勋章和各军团的珐琅金徽章，以及勒克莱尔将军（Général Leclerc）第二装甲师的徽章。服装配饰商林娜·沃特兰（Line Vautrin）用高卢雄鸡形状的纽扣合上珍妮·浪凡的外套；优雅的客户脖子上挂着一条项链，下面悬挂着一个巨大的洛林十字。女帽商克洛德·圣西尔（Claude Saint-Cyr）不失时机地戴上饰有和平白鸽的帽子，去挑战盖世太保。后来她

1943 年，卡地亚的"自由鸟"胸针取代了 1942 年创作的"笼中鸟"胸针：
抛光珊瑚的鸟身，
青金石的翅膀，
玫瑰铂金头饰，
蓝宝石眼睛，1944 年。
图片来源：卡地亚档案馆

右上：
在巴黎大学街的工作室中，服装配饰商林娜·沃特兰设计了带有高卢雄鸡标志的镀金铜纽扣，1943 年。
林娜·沃特兰收藏。
摄影：多洛莱丝·马拉

成为伊丽莎白女王（Reine Elisabeth）、英国王室的公主和女士们的专属制帽商。1945 年 5 月，绣工卓越的诺埃尔夫人（Madame Noël）在蝉翼纱上绣出了由罂粟、雏菊和矢车菊组成的愉悦花束，并将其命名为"解放"，这片绣纱让她名声大振。

法国女人作为以物易物、足智多谋的高手，在厨房里也像对待衣橱一样大展身手。从亨利-马丁大街到美丽城，连阳台都呈现出超现实的面貌。天竺葵不见了，取而代之的是番茄和南瓜，因为众所周知，西红柿和南瓜的生长速度很快。聪明的主妇在临时搭起的笼子里养母鸡或兔子，在它们变成锅中肉之前，先用设法弄来或交换来的草喂养。巴黎竞技俱乐部每周一次的草坪修剪更是令人翘首以待……

自 1940 年 8 月起，所有食品都实行配给制。首先是面包，然后是黄油、糖、肉、熟食等。如果找不到一家农场愿意用蔬菜来换取一包咖啡或一双拖鞋的话，人们只能靠从外省寄来的"家庭包裹"勉强度日。

"啊！孩子们！你们无法想象蔬菜包裹有多香！我沉浸在兴奋中，发现自己被如此宠爱。"科莱特在 1941 年 2 月 4 日给"小农场主"的信中这样写道，这些农场主在战争期间一直为她提供粮食补给。

当限制供暖和煤气的措施出台后，厨师们每天只有几个小时能借着微弱的火光做饭。于是能工巧匠们用箱子、毯子和漆布自制了"挪威锅"（一种放热菜的保温箱），里面熬制着奇特的食物，包括甜菜、雅葱、小牛乳头、松鼠、乌鸦……大城市的广场上已经没有鸽子了。1941 年 10 月，报纸上的消息警告法国人："食猫者，请注意！"

在地铁里，在每个街道的拐角，人们谈论的都是食物。"你们送来的东西都这么好！"馋嘴的科莱特在写给她农场的小女伴时依然乐不可支，"稀罕的鸡蛋，那只在收到后的两小时内就被吃光的鸡，风味绝佳的李子干，圆圆的粉色猪肘，还有肥皂和美味的香草华夫饼……还

厨房一景：由于没有卷烟，女主人们
只能在炉子上晾晒烟叶，1942 年。
图片来源：Keystone

有其他我没提到的东西！孩子们，多亏了你们，我们才得以摆脱这种
让人身心俱疲的痛苦。"

　　去黑市高价购物很快就变得司空见惯。人们可以在熟肉店的后厨买
到鱼、可以在缝纫店买到奶酪、可以在书店买到白糖，奇怪的是，龙虾
却可以在柜台上出售……餐馆里反倒什么都缺，新鲜面包是禁止的，周
四不能吃马肉，周六不能吃鱼，不能随便给客人黄油和糖，下午三点以

后不能喝酒和咖啡，糖果和巧克力也是禁止的。这些规定如此复杂。但即使是冒着被处罚的风险，有些餐馆的老板还是会在看似朴素的"土豆泥"下面藏一块牛肉，聪明的巴黎人很快就能找到这些餐厅。如果在进餐当中碰上"经济督查"，最胆小的女人也会立刻把牛排藏在盖在腿上的餐巾里……

有经济能力的人可以继续去马克西姆餐厅，去西班牙广场餐馆或是乔治五世餐厅。丽兹酒店成为人们可以交谈的沙龙，在那里见面是为了不用在家开暖气。我们在那里碰头，再乘电动车、自行出租车或轻便双轮马车去龙骧。"就是为了跟德国人捣乱，"20 世纪 40 年代上流社会的女性们这样回忆道，她们很久后才意识到自己那时有多么无知。"当时的我们很年轻，只想享受生活，享受乐趣。我们不知道明天会发生什么，而且总是在不断地挑战极限！我们玩警察捉小偷，还越过警界线经过蒙德马桑去买鹅肝，同时为抵抗组织传递信息。我们有可能被敌人杀死十次！但这并不妨碍我们去梅杰夫滑雪场滑雪，或是去蒙特卡罗的赌场过周末。游艇没有汽油，我们就乘帆船从戛纳到圣特罗佩……"

由于巴黎夜晚不再亮灯，市民们要带手电筒出门。他们无视警报和宵禁，跑到话剧院、法兰西喜剧院和歌剧院去寻找一丝梦想和欢愉。这些剧院的关门时间也因此提前了，好让人们赶得上末班地铁。1940 年 7 月 11 日，巴黎作品剧场重新打开大门，演出让·巴桑（Jean Bassans）的《朱丽叶》；萨沙·吉特里（Sacha Guitry）在马德莱娜话剧院出演《牧师》和《女士们，不要听！》；法兰西喜剧院则推出了蒙泰朗（Montherlant）的《死去的王后》《太太学堂》和服装布景豪华的保罗·克洛岱尔（Paul Claudel）的《缎子鞋》。在巴黎滑稽歌剧院，不可思议的阿尔莱蒂（Arletty）与皮埃尔·布拉瑟（Pierre Brasseur）凭借马塞尔·阿沙尔（Marcel Achard）的喜剧《想跟咱玩玩吗？》大获成功。音乐方面，奥利维·梅西安（Olivier Messiaen）推出了四重奏《时间的尽头》以及双钢琴曲《阿

巴黎街头，穿着不同制服的德国军人。此处是两位年轻的女接线员，步调一致地走在街上，1943 年。
图片来源：Keystone

门的幻想》，还有奥涅格（Honegger）的《弦乐交响曲》，达律斯·米约（Darius Milhaud）的《博利瓦尔》。人们还在歌剧院欣赏《浮士德的诅咒》。

电影院和剧院门前总是排起长龙，因为里面有暖气！人们去看

尽管戴着一顶用稻草和窗帘做的帽子，穿着一套旧西服，腿上涂有褐色染料以模仿丝袜，但巴黎女人比谁都知道如何制造优雅的幻觉，即便是坐在自行出租车上，1943 年。
图片来源：Keystone

17

玛德莱娜剧院，让娜·菲西耶-吉尔 (Jeanne Fusier-Gir)
和萨沙·吉特里在《女士们，不要听！》的演出中获得喝彩，
1942 年。
图片来源：*L'Illustration* / Sygma

**右页：**
在让·科克多 (Jean Cocteau) 编剧、让·德
拉诺伊 (Jean Delannoy) 执导的电影《永恒
的回忆》中，同为金发的让·马雷和玛德莱
娜·索洛娜穿着的服装由马塞尔·罗莎设计，
1943 年。

1940 年至 1944 年间拍摄的 220 部经典法国电影，其中包括克里斯蒂
安·雅克 (Christian-Jaque) 的《圣诞老人谋杀案》、亨利-乔治·克
鲁佐 (Henri-Georges Clouzot) 的《乌鸦》，马塞尔·莱尔比耶
(Marcel L'Herbier) 的《奇幻之夜》……人们欣赏《永恒的回忆》中
玛德莱娜·索洛娜 (Madeleine Sologne) 和让·马雷 (Jean Marais)
的金发；去看被《夜间来客》刻入永恒的阿尔莱蒂神秘的微笑和美腿。

在蜿蜒的巴黎地铁上，一等车厢里皮草斗篷与晚礼服优雅地相遇，
还能遇到时髦的演员和导演，以及时尚不羁的年轻人，他们对服装限
制嗤之以鼻，也无视所谓的"民族服装"。为了表现他们挑衅的态度，
年轻人穿上彩色的及膝夹克、紧身超短裤，然后在如此奇装异服的下
面穿一双有三四层皮底的厚底鞋。男孩子们则时兴一头长发或是丁丁
(Tintin) 式发型。年轻女孩们更低调一些，她们统一穿着超短裙和高
领衫，外面套上翻毛大衣或羊皮夹克，背着标志性长肩带小包。这些
"爵士迷"们的穿衣灵感来自约翰·赫斯 (Johnny Hess) 的歌曲《我
摇摆》。

尽管物资短缺，只要作者没有受到审查，出版社仍未停工，但
他们也经常需要用战前积攒的煤或是罐头去换一点纸。路易·阿拉
贡 (Louis Aragon) 用《献给艾尔莎的赞歌》和《艾尔莎的眼睛》表
达对艾尔莎·特奥莱 (Elsa Triolet) 的爱慕；科克多 (Cocteau)
创作出了剧本《打字机》和《雷诺与阿密德》；而弗朗西斯·蓬热
(Francis Ponge) 写了《采取事物的立场》；保罗·莫朗 (Paul Morand)
写了《以弗所的胖女人》；韦尔科 (Vercors) 与皮埃尔·德莱斯库
尔 (Pierre de Lescure) 一起成立午夜出版社并出版了《沉默如海》；
让·保兰 (Jean Paulhan) 和雅克·德古 (Jacques Decour) 则共
同创办了《法国文艺》杂志。

《芳龄十九》是薇奥莱特·勒迪克 (Violette Leduc) 1941 年 2
月 5 日在 *Elle* 杂志（当时名为"Pour elle"）上刊登的文章。"一名热
爱文学的同学或读者借给您一本书，您用两天时间就看完了。正如您在

思绪飞扬的年轻人，身着长
大衣、短裙，沉醉在疯狂的
摇摆节奏中，1942 年。
图片来源：Roger-Viollet

十岁那年把点心一扫而光的样子……在地铁里、餐厅里、擦鞋时、梳头时、做饭时……您一直在看书，看书！周日的下午，您又把这本书重读了一遍。这本书正是作家让·季奥诺（Jean Giono）的短篇小说《山冈》。您会像重看葛丽泰·嘉宝（Greta Garbo）在电影里扮演的苦难角色一样'反刍'着去看它……在散发着百里香、迷迭香、茴香和焦土香气的房间里，您哼着歌儿读完了季奥诺的所有作品。这是您第一次如此热爱文学……您再把《山冈》交给下一个朋友……"

　　一种新浪漫主义成为主流，在"沙龙"里，人们秉烛夜谈，像明星一样朗读诗歌。


　　*恶魔与奇迹*
　　*狂风与潮汐*
　　*远远的*
　　*海面已经退去……*

1944 年 8 月，年轻的巴黎姑娘们
穿着蓝白红服装迎接解放者。
图片来源：Keystone

*Marie-Claire* 杂志刊登了一些老祖母絮叨般的文字，试图填满迷茫主妇们的心灵："要让柠檬保持新鲜，就用绳子把它挂起来。"或者"在收起行李箱之前，要注意晾晒，用鞋油擦一擦，让它们变得光亮。"

"保存""储存"……这些自然都不是巴黎女人的习性，她们对创新的追求和对优雅的渴望，就像对甜食的渴望一样。有时出于没来由的原因，她们只有想到解放才能舒口气。开始快乐地读起路易丝·德维尔莫兰（Louise de Vilmorin）用细腻文字写就的《捍卫优雅》，它发表在 1945 年至 1946 年冬天的 *Vogue* 杂志的号外上："优雅的女士总是能让人一眼看到。她轻松自然，优雅自在。无论富有或贫穷，她手上都握有魔棒、拥有理想的通行证。她的穿着令人向往，又令人着迷。我们放心于她的慎重，困惑于她的谨慎，既确定又不确定，我们在看到她的时候，会产生一种难忘的情绪……"

风姿绰约的巴黎女人让人魂牵梦萦，而她，将继续努力做到尽善尽美……

用橱柜中的衣服来展现即兴的优雅：连衣裙改裁成了高腰裙，再加上一件用旧男士夹克改成的短上衣，衬胸上系着一条领带……1944 年。
图片来源：Roger-Viollet

## *CARVEN ET LA MODE*

# II
# 卡纷时尚

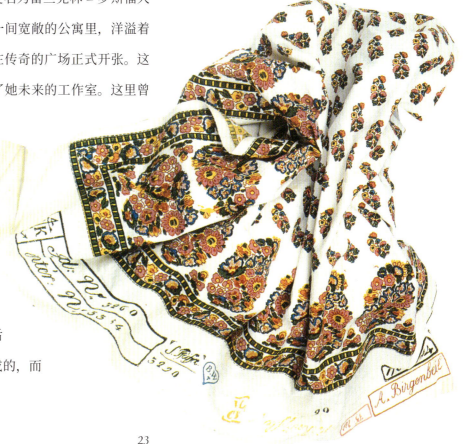

　　1945 年 5 月 24 日是圣多纳西安日, 巴黎的香榭丽舍圆点广场上弥漫着一股清新的气息。巴黎的园艺师团队创造了一个奇观。在马车停靠处前面, 他们辟出绿色和白色的花坛, 里面种满了郁金香和"新曙光"玫瑰, 玛丽牡丹周围装饰着银色庭荠花, 前面是一片洁白的矮牵牛。

　　维克托 – 艾马纽埃尔三世大街(最近更名为富兰克林 – 罗斯福大街, 以致敬盟军的伟大领导者)拐角处的一间宽敞的公寓里, 洋溢着欢乐的气氛。这天, 卡纷夫人的时装屋将在传奇的广场正式开张。这位热衷于室内设计的年轻女子, 精心布置了她未来的工作室。这里曾是让·巴杜(Jean Patou)开设的"帕里"工作室。她打掉了狭窄房间的内墙, 将客厅漆成白色, 使之成为新服装系列的展示厅; 她不顾母亲的建议, 选择了令迷信者惊愕的颜色, 她的幸运色——绿色。"我喜欢的东西都是绿色的! "卡纷说道: "自然、树木、大海……我不明白为什么绿色会带来厄运。后来有人告诉我, 从前, 这个颜色是化学合成的, 而

卡纷与首席裁缝师苏珊娜（Suzanne），
在圆点广场，打造夏季长裙的最后一步。
图片来源：AGIP

且在布满灰尘的城堡里，住在装饰有这种颜色的房间里的年轻姑娘会莫名其妙地死去……原来一切的传说都是从这儿来的！演话剧的人也不喜欢绿色，那是另有原因的，因为莫里哀是穿着绿色衣服死在《无病呻吟》的舞台上的……"

卡纷衷爱的绿色是青草的颜色，与白色条纹相配，制成白绿相间的宽幅窗帘和传统镀金椅子座垫，装饰了精制铁栅栏门的百叶窗。而与之形成鲜明对比的，是在裸露的白色墙壁上安装了十几盏文艺复兴时期风格的壁灯。走秀台上用一袭白布盖住，仅此而已，简单、朴实、与众不同，这正是设计师要给人们留下的印象。她还不知道，很快全巴黎都会称她为"绿色卡纷"，正如人们说"粉色夏帕瑞丽"或者"蓝色浪凡"一样。

卡纷站在工作室的布匹之间，1945 年。
图片来源：居伊·阿萨克工作室（Studio Guy Arsac）

在工作室专注画图的卡纷，20 世纪 50 年代。
图片来源：塞尔日·利多（Serge Lido / SIPA）

　　卡纷在创业时财力有限，只有年轻时的积蓄，两间工作室，几位女工，还有几位可以充当模特的朋友，丈夫菲利普·马莱（Philippe Mallet）也走马上任成为经理。卡纷有时会开着她那辆菲亚特小车跑外勤，亲自送自己设计的作品……

　　采用不吉利的颜色，年轻的设计师在创业之初便赌了一把运气。问题是，即便她开起了时装店，去哪里找仍在限购的布料来制作她设计

五岁的小"卡门"和她最爱的
牧羊犬里普。
图片来源：卡纷夫人档案资料

**右页：**

20 世纪 20 年代，卡纷、德托
马索夫人和姨妈罗西·伯里纷
（Josy Boyriven）在法国南部
度假胜地。
图片来源：卡纷夫人档案资料

卡纷与丈夫菲利普·马莱在
他们的修院别墅。
雅克 - 亨利·拉蒂格摄于
1953 年 4 月。
图片来源：雅克 - 亨利. 拉蒂格
摄影之友协会

美丽优雅的德托马索夫人——卡纷夫
人的母亲，摄于 1925 年前后。
图片来源：卡纷夫人档案资料

的裙子呢？就算她还有几米细花布、缎面绉纱和蜂窝棉，凭这点库存，想做成一套系列时装怎么够呢？

韦德里伯爵夫人是卡纷的朋友，后来也成为她忠实的客户。她说："到拉罗歇尔来住几天吧，这里没有噪声，您可以安安静静地完成设计草图。"两天之后，卡纷被安顿在了一个漂亮的房间里，窗外是韦德里伯爵夫人家的后花园。夜里，一阵雷鸣般的声音让她以为轰炸又开始了。已经被白蚁蛀坏的阁楼右侧塌陷，墙壁倒向书房，露出存储在这里的十几捆阿尔萨斯棉布，这是韦德里伯爵夫人的母亲在第一次世界大战前便存起来却遗忘了的布料！这可是卡纷的意外收获，等她回巴黎时便带上了这几百米花布。路上，她在一个乡间市场停了下来，惊喜地发现流动商贩正在出售一块绿白相间的零头布。于是，她的车里又多了一个神奇的"收获"……

在展示厅后面的"工作室"里，卡纷已经凑齐了制作服装所需的一切。她拿出从拉罗歇尔带回的宝贝，绘制礼服、套裙和大衣的草图，然后与首席裁缝师苏珊娜一起直接在模特身上裁剪。配件有各式各样的纽扣、肩带、缎带、酒椰叶、皮带扣、珍珠和水钻等。

一位年轻姑娘是如何萌生这种志向的呢？其实卡纷走上服装设计之路是很偶然的事。卡纷原名卡门·德托马索（Carmen de Tommaso）（巴黎一区市政府登记为菲利普·马莱女士）。她个头不高，只有 1.55 米，她苗条、闪亮、纤细，傲然挺胸、脖颈细长。活泼好动的卡纷喜欢简单、实用、剪裁得体的衣服，可她遍寻不着。

因为当时设计师们的缪斯主要是那些高大修长的美国女演员，风格也过于矫揉造作……不要紧！反正她会缝纫，可以为自己设计别处买不到的衣服。宽松系腰带的小连衣裙突出腰部和腿部，低领凸显胸部的美。没有大格子，也不要泡泡袖，更不需要让人显得矮小的黑色。相反，她大量使用鲜艳的红色、黄色以及柔和的色调。"好欢快，好漂亮！"她的朋友们惊呼道，羡慕不已。"我们为什么不能拥有同样的衣服？"她们实在受够了裁缝师对身高 1.60 米左右的女性的怠慢。

　　卡纷思考的是从结构方面优化设计。她受过良好的教育。她曾求学于国立美术学院，本想成为一名建筑装饰设计师，但后来不得不放弃学业去辅助她的父亲，也就是著名《戏剧》杂志的出版人。和菲利普·马莱一见钟情后，他们在 1939 年 7 月 2 日步入婚姻殿堂。她的丈夫是著名建筑师兼室内装饰家罗贝尔·马莱-史蒂文（Robert Mallet-Stevens）的弟弟。布朗什医生街的一座私人公馆就出自这位建筑师之手，罗贝尔每天在一楼接待十几名对实用几何、玻璃、金属和精巧朴实的家具充满热情的学生。卡纷进入了罗贝尔的班里学习，遇见了许多有才华的人，使她想要重新开始画画。"我被他的艺术作品迷住了，"她坦承道，"我和我先生都热爱古董，尤其是年代久远的古董，因此，从罗贝尔·马莱-史蒂文那里学到的东西对我有很大的帮助，因为我感觉自己更像建筑师而非绘图师。时装设计是一门研究比例的学问。一幅画虽然很好看，但并不是真实的！只有穿在真人模特身上，比例才是真实的。"

　　在她坐落于库尔塞勒路 94 号的公寓的客厅里，卡纷的第一批"真人模特"蜂拥而入。这些热情的客户吓跑了菲利普，他趁机来到伏尔泰河畔寻宝，去找一幅挂毯或是一张漂亮的扶手椅。

　　在香街的圆点广场开设时装店之前，首先要给她的品牌"命名"。"卡门，我听够了！我很讨厌这部听了至少 500 遍的歌剧，我父亲就是音乐迷。我姐姐叫罗拉，因为《乡村骑士》；我叫卡门，当然主要是因

卡纷最早设计的"夏季外套"之一，画中是卢沙尔（Louchel）为 *La Femme Chic* 杂志画的钢笔画，1945 年。
图片来源：巴黎时尚博物馆加列拉宫图书馆文献
摄影：多洛莱丝·马拉

右页：
卡纷夫人用简单的白绿相间条纹面料制作的长裙"我的风格"。
卡纷夫人私人收藏。
摄影：多洛莱丝·马拉

为作曲家比才（Bizet）。一个连日历上都没有的名字，还跟那个悲惨的女人同名，这让我很讨厌！我喜欢姨妈罗西·伯里纷的名字，她和母亲很亲近。她俩衣着入时、高雅精致，我从小就经常和她们一起去参加时装发布会。在仔细研究了所有字母之后，为了向姨妈表示敬意，我决定一半用她的姓氏，另一半用我的名字，这样就有了'卡纷'（Carven）这个既简短又好听的名字，我很喜欢……"

受到身边身材娇小的女性朋友的启发，卡纷很快就决定为体型娇小的女人"打造"合适的服装，让往日所谓的缺陷在今天大放异彩。"用简洁、娇美甚至有点小女生的式样打造时尚。"

"我们也要柔美动人！"她们异口同声道……她们一定会很喜欢。卡纷推出处女作系列后，一个全新、自信的女性形象出现在香街上，使得路人连连回头。实用的裙裤、凸显出蜂腰的迷人束腰短款连衣裙；优雅灵动的 A 字形半裙……新颖之处在于，卡纷不添加任何填充物，只通过简单的人工剪裁达到加宽肩部的效果，使女性的步态也变得轻盈活泼。蓬松的短款礼服利用褶裥塑造胸部的轮廓。颜色上，卡纷总是采用明亮、对比鲜明的色彩，除了白底上点缀些黑色圆点，主要有棕红色、绿色、黄色、蓝色、红色。卡纷夫人用在市场上买到的零头布，设计出一条春意盎然的深 V 无袖低领小号裙子，腰部饰有紧身腰带，裙周长六米。"我们就叫它……'我的风格'。现在我有自己的代表作啦！"……这一成功非同小可，从今往后，卡纷的每个系列都有一个特定名称。卡纷的时装秀还有一项同行们没有想到的创新，既然要为年轻女孩们打造时尚，那么对她们而言最为梦幻的婚纱一定是必不可少的！其他设计师的时装秀惯例是将婚纱压轴登场。而卡纷以"女人一生中最美的一天"为灵感，在时装秀开场便一连展示了十几套婚纱。之后，她还设计了"订婚服""礼服"，白色的薄纱一飞冲天，风靡一时，订单如雪片般飞来。

正如高级时装协会主席格蕾夫人（Madame Grès）所说："这股新势力应运而生、不容小觑。"同年，她就把卡纷这位新锐设计师纳入了

权威的时装协会。

对于那些羞涩的巴黎女人，比盖（Piguet）的斗篷大衣、雅克·埃姆（Jacques Heim）的束身长裙或是慕尼丽丝船长（Captain Molyneux）的黑色调都体现不出她们的价值。于是，她们自然而然地走向圆点广场。在这里，她们受到身材与她们相仿的售货小姐的热情接待，并由卡纷亲自为她们量体裁衣。从进门的那一刻起，

巴黎优雅的赞颂者：
时尚记者吕西安·弗朗索瓦（Lucien François）在荷兰昂吉安，1951 年。
由摄影师雅克 - 亨利·拉蒂格在一次选美比赛间歇拍摄。
图片来源：雅克 - 亨利·拉蒂格摄影之友协会

信任便建立起来，设计室里洋溢着"年轻"的气息。顾客忠诚度也立刻建立了起来，因为卡纷让她们感觉"重获新生"。

时尚记者吕西安·弗朗索瓦的名气堪比如今 *Vogue International* 的苏西·门克斯（Suzy Menkès）和卡琳·洛菲德（Carine Roitfeld），他也成为卡纷的拥护者并和她保持了一生的真挚友谊。"卡纷夫人拥有与时俱进的智慧，顽强的意志，非凡的活力以及保护被其他设计师忽略的女性的信念。人们很快就意识到了，巴黎终于拥有了一直以来缺失的人物——为身材娇小的女性设计服装的设计师。"

品牌已成功定位，卡纷全心投入其中。

由于纸张依然紧缺，高级时尚杂志的出版在缓慢重启。"既然现在我们的心情已经放松，为什么在着装上仍如此沉重与压抑；而当初我们的心头承受重压时，衣着反而那样轻盈？"这是 *Vogue* 杂志在其复刊后的特刊《解放》中提出的疑问。

设计师们提升服装品质，用独具匠心的细节设计和日趋精致的配色克服了当下的技术难题，他们用和服代替披风，或将围巾随意地系一下，用层次营造体积感，斜裁荷叶边……小饰品、配件是最重要的。1945 年 11 月 5 日，画家马克·阿瓦（Mac Avoy）在他的日记中幽默地写道："琐碎，是把严肃的事情看得很轻，是懒散者的热情，是在应该忽略的地方反而坚信……" *Figaro* 的"时尚专栏"中写道：微妙的细节构成了设计师的标志，包括"合身的衣领、有趣的袖口、漂亮的低领"。"模特会因剪裁和面料的应用大放异彩，而不是奇装异服或标新立异，那只是不讲究平衡和比例的平庸之作。"

卡纷知道如何让娇小的女性客户迈出轻松的步态，她的成功正是凭借对比例的研究和领先于其他巴黎设计师的远见。她在仅仅是出于需要而选择的利基市场上，没有其他竞争者……

半个世纪后，卡纷试图分析自己成功背后的原因："当我走上街时，街上的小个子巴黎女性有一头褐色的头发，她苗条、潇洒、精神焕发，就像让‐加布里埃尔·多梅格（Jean-Gabriel Demergue）画中的模

卡纷夫人设计的第一套西服和第一件大衣，凸显蜂腰与宽肩的优势，1945 年。
作者不详。
图片来源：卡纷夫人档案收藏

特一样，可是她并未充分展现出身体之美。为此，我一直想守住美丽的传统时装。从一开始，我就明白，我的客户和我自己一样，不喜欢花里胡哨的打扮！现在，我已经开始接待第三代客人了！"卡纷俏皮地说，"战后那些娇小的巴黎女人现在都成了快乐的祖母……她们还会带着孙女来圆点广场！我也就只能做些这样的事。"她谦虚地说道，"我不知道该如何放慢生活节奏，我很幸运，可以拥有丰富的想象力。设计服装对我来说不是一份工作，而是一种乐趣。一年设计 300 款服装对我来说从来不是问题，我设计的服装正好是别人想要和需要的。我并非科班出身，从未想过会获得今天的成就！"

"那个年代，没有时装设计学校，也没有设计事务所，我们只能在实践中学习。小学毕业后，开始当学徒，稍有天分就可以正式进入这个领域。而如今，新手都接受过三年的专业培训，和我们那时完全不同……而我，想着好时装店肯定会出好作品，本能地就开始了。我一直专注于面料的品质，选用真正的棉、真正的羊毛和真正的丝绸……有幸出生于充满美好事物的环境中的我，对于色彩十分敏锐。从一开始，我就通过微妙的色彩组合获得了成功。"

1945 年，巴黎百废待兴，绿色的卡纷大获好评。同行们纷纷效仿，在各自的系列中融入绿色——这一"如时钟般不绝的音符"。或活泼、或浓郁、或淡雅，浪凡将绿色应用在"杏花"（Amandier）、"幼苗"（Jeune Pousse）和"南洋杉"（Araucaria）等多款设计中；而吕西安·勒隆（Lucien Lelong）则设计出了人们梦寐以求的"牧月"（Prairial）翡翠绿男款礼服，以及"菜心"（Vertuchoux）礼裙；罗贝尔·比盖（Robert Piguet）将桃金娘绿晚装外套罩在宽大的白罗缎连衣裙上；布吕耶尔（Bruyère）则推出了一款农妇长裙，其灌木色调的面料与其命名相得益彰……

帽商们也在带有羽毛和面纱的帽子上添加了绿色：雷格鲁（Legroux）的"亮绿色"、罗丝·瓦卢瓦（Rose Valois）的"橄榄绿"、莫德（Maud）与拿诺（Nano）的"朱砂绿"以及波莱特的"灰绿色"……

在"一千零一夜"（Mille et Une Nuits）和"卡朵"（Cadolle）店里，时髦的内衣也是……水绿色！

经历了重重苦难之后，还有什么颜色能比代表希望的绿色更合时宜呢？

为了加强对全球时尚复兴的信心，罗伯特·里奇（Robert Ricci），即尼娜·里奇（Nina Ricci）的儿子，作为高级时装协会的公关部主任，和他的记者朋友保罗·卡尔岱盖斯（Paul Caldaguès）一起推出的"时尚剧院"计划得到了设计师们的大力支持。设计师将和最有才华的当代艺术家合作，创造出不同场景的"小剧场"，用不同的微型服装系列盛装打扮娃娃。配饰由巴黎最负盛名的制帽商、鞋匠、手套匠、皮匠、珠宝匠，甚至制伞匠提供。假发则非安托万（Antoine）或吉约姆（Guillaume）

香街圆点广场，一切都在这里发生……
宽松的米色羊毛大衣，温暖的米色狐狸
领和衣袖，1949 年冬。
图片来源：德尼斯·史密斯 - 若利
（Denyse Smyth-Joly）

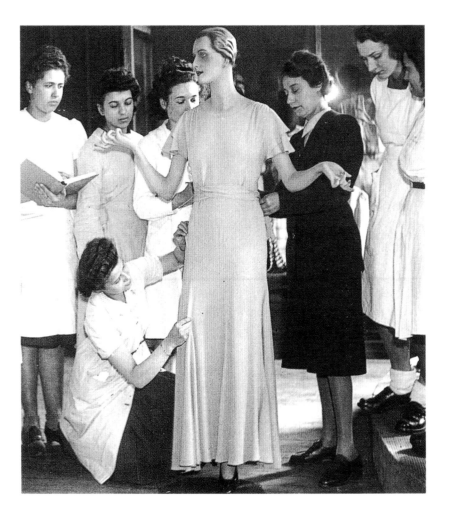

陈列也是一门精妙的学问，在高
定服装学习中心认真观察的女学
生们，1944 年 4 月，巴黎。
图片来源：Roger-Viollet

左页：
法比安娜（Fabienne）穿着点缀着花束的羊驼面料日礼服"别
亦难"，1949 年夏天。
图片来源：让 - 路易·穆桑派斯（Jean-Louis Moussempès）

在时尚剧院中展出的唯一一件
雨衣——"骤雨之后"，1945 年
由卡纷设计。
帽子：西蒙娜·坎热
高帮鞋：安根思
图片来源：卡纷夫人档案收藏

莫属了……克里斯蒂安·贝拉尔（Christian Bérard）担任统筹兼艺术总监，活动在马尔桑阁举行。1945 年初，"时尚剧院"项目成为高级时装设计师的竞技场，他们大展身手，以精湛的技艺设计了微缩的奢华作品。高级时装协会采纳了年轻的艾丽·波纳贝尔（Éliane Bonabel）绘制的 70 厘米小雕像的设计图。在典型的巴黎式的热烈的氛围中，一切蓄势待发。在布景装饰方面，克里斯蒂安请来了当年最杰出的朋友们：让·科克多和勃里斯·可克诺（Boris Kochno）、画家埃米利奥·格劳-萨拉（Emilio Grau-Sala）、乔治·杜坎（Greorges Douking）、安德烈·迪尼蒙（André Dignimont）和路易·图沙格（Louis Touchagues），装饰师让-德尼·马尔克莱斯（Jean-Denis Malclès）、乔治·韦克维特克（Georges Wakhevitch）、乔治·热弗鲁瓦（Georges Geffroy），以及新加入的安德烈·博勒佩尔（André Beaurepaire）和雕刻家让·圣马丁（Jean Saint-Martin），他同时也是铁丝造型艺术家。尽管材料仍然紧缺，设计师们仍仅用了几个月的时间，便制作出了 237 个仙女娃娃和 13 套布景。1945 年 3 月 27 日晚上，在共和国卫队的盛装欢迎下，1 200 名贵宾如约而至……

卡纷把她的一款穿白粉色条纹裙的小模型命名为"麦芽糖"，从腰带和泡泡袖可以感受到裙摆的跃动。宽边女软帽是简·布朗肖（Jean Blanchot）的手笔，发型由加布里埃尔·福（Gabriel Fau）设计，白色皮制坡跟鞋来自安根思（Argence）。为了迎接香榭丽舍圆点广场的第一个系列，卡纷开始画夏季外套和雨衣的草图。复肩用杏绿色的华达呢，里衬是绿白色印花绉纱，腰带也是绉纱面料。"骤雨之后"是此次展览中唯一的一件雨衣，搭配西蒙娜·坎热（Simone Cange）制作的华达呢帽子和安根思设计的优雅搭扣皮鞋，与布吕耶尔、加斯顿（Gaston）、马塞勒·戴蒙（Marcelle Dormoy），珍妮·浪凡和慕尼丽丝的设计模型一起，自然地融入了迪尼蒙的装饰中。

"为了制作'麦芽糖'，我们不得不重新设计条纹！"卡纷回忆道，"因为做迷你衣服和真人上身所需的面料的图案比例不同。我们必须重

新剪裁、改小，以毫米为单位，保持对称地缝合边缘……虽然费了不少力气，但这是一次非常美好的体验……'时尚剧场'在世界巡展中获得了巨大的成功。此后，许多时装设计师都利用'玩偶'的概念，制作漂亮的橱窗……"

在和平街、马戏街和圣奥诺雷街，巴黎女人身穿华服，脚踩高跟鞋，开心地逛着街，宛若"行走的橱窗"。这正是她们所追求的"小细节成就大别致"……驻足在爱马仕（Hermès）橱窗前，安妮·鲍米尔（Annie Baumel）独特的装饰让她们叹为观止。她们走到圆点广

在时尚剧院展出的"麦芽糖"造型。宽边女软帽是简·布朗肖的手笔，白色皮制坡跟鞋来自安根思，1945 年。
图片来源：卡纷夫人档案收藏

卡纷为演员妮科尔·库塞尔（Nicole Courcel）复刻了这条著名的裙子。
摄影：贝尔南（Bernand）

一位女士在时尚剧场参观。
马尔桑阁，1945 年 5 月。
图片来源: Roger-Viollet

右页：
雅克 - 亨利·拉蒂格的手稿，
将卡纷的长裙置于造成视觉
陷阱的场景中，1946 年。
图片来源：弗洛莱特·拉蒂格
（Florette Lartigue）收藏
摄影：多洛莱丝·马拉

场集合，再结伴去伯克利酒店，用餐时暂时脱下手套和帽子，结束后
继续走到蒙田大道……她们向世界证明了巴黎是为奢侈与富饶而生的，
而这里的时装设计师们大胆的设计更是功不可没。卡纷为她的客户群
体——年轻女孩们绘图、制衣、刺绣、给花边上浆、计算罗纱的长度。
她们厌倦了战争年代"无比珍贵"的破旧裙子，她们开始觉醒了，脑海
里憧憬着真皮皮鞋、有内袋的漂亮手包、满抽屉的真丝内衣，还有像
她们的母亲一样，拥有一件著名设计师的时装。她们也想去理发店……
还要考驾照！卡纷的工作更繁忙了，她雇了更多的女工、销售员和模
特……

1946 年 7 月，卡纷和她"英俊的老公"菲利普·马莱终于有时间
度假，他们决定去纽约旅行。这次出行对卡纷的震动很大，一个想法开

1950 年春天的卡纷时装店：白墙、意式枝形烛台、悬挂分枝灯架，椅子上是绿白条纹坐垫。
图片来源：卡纷档案收藏

始在她的脑海中萌芽：为什么不把自己的服装展示给全世界呢？她的前辈、杰出的时装设计师保罗·波烈（Paul Poiret）不就是率先征服了美国吗？而且，在走向世界的过程中肯定能挖掘出一些新的想法……巴黎的南美之家曾多次邀请她去展示服装，在那里，她听说过巴西这个美丽的国家，温暖的阳光、宜人的气候、热心的居民……几个月后，在达喀尔和累西腓经停两次后，她终于来到巴西的里约。巴西人惊讶地看到十几个年轻女孩走下飞机，在一堆可可种植者和橡胶买家中间，这些女孩像是寄宿学校的度假生。她们满头金发，一个比一个漂亮，领队的是一位褐发女子，她不断地催促着："那边！十个箱子，快！去科帕卡瓦纳广场！"卡纷夫人和她的"模特"们像明星一样入住里约最高档的酒店，其中有尚未成名，但已经被美国人称作"凯旋门小姐"的莉丝·布尔丹（Lise Bourdin）。服装展示结束后，她们的箱子变轻了许多，因为巴西女人爱极了巴黎时装，她们也有能力购买。身形苗条的女人们跑到队伍的最后去见设计师并请求她把这些样衣都卖给自己。这次服装展示效果不凡。时刻充满好奇心的卡纷发现：在热情的桑巴舞和萨乌达德音乐中舞蹈的混血女人们穿着的荷叶边上衣尤其精致；由于气候炎热，在黎明时分就开始营业的小市场里居然有令人惊艳的布料……

被里约的炽热阳光晒黑的漂亮模特们回到圆点广场之后，开始准备展示下一个时装系列。

1945 年，皮埃尔·巴尔曼（Pierre Balmain）在弗朗索瓦一世街开设了工作室。

人们在社交晚会上，谈论爱情、时装与政治时，话题一直围绕着由 *Harper's Bazaar* 的记者卡梅尔·斯诺（Carmel Snow）提出的"新风貌"。克里斯汀·迪奥（Christian Dior），正如他的朋友让·科克多所说的那样，是一位"属于我们这个时代的天才"。他将裙子加长到了离地面 30 厘米的长度！人们先是视之为丑闻，后来半个地球的人都为之疯狂，前赴后继地拆开裙边放长裙子……

左：
南美之家时装秀上的模特
合照，摄于 1953 年。
摄影：瓦尚 - 帕丽斯
（Vachon-Paris）
图片来源：A.D.A.G.P.

右：
一位优雅的模特身穿绣有
黑色蕾丝花环的白色欧根
纱晚礼服。
摄影：瓦尚 - 帕丽斯，
图片来源：A.D.A.G.P.

那一年，卡纷与著名的胸衣设计师玛丽-罗丝·勒比戈（Marie-Rose Lebigot）合作，推出第一款少女文胸"西纹娜（Sylvène）"，采用天然真丝制成，深蓝色、黄色或不同色系的珍珠色代替了经典颜色。她还注册了"浅文胸（balconnet）"这个名字和"半杯文胸（balconnet Joséphine）"，以向德·博阿尔内夫人（Madame de Beauharnais）致敬，"半杯文胸"正是"神奇文胸（Wonder-Bra）"的前身。这类文胸由双层尼龙制作而成，自法国解放后，厂家们便开始大量生产。其特点是可以让巴黎女人拥有看起来如鸽子一般饱满的胸脯，使腰部显得更加纤细。当然，尽管如此，拥有时尚界规定的 52 厘米细腰的人也屈指可数。凹凸有致才是王道，褶裥衬托出胸部，哪怕没有 95B 的乳房，也有浅口文胸来挤出丰乳、提升自信……

纤长的脖颈、迷人的胸部、一袭长裙，是 1948 年巴黎女人的标配。玛琳·迪特里希（Marlène Dietrich）正式进入"长裙阵营"。脚踩高跟鞋，漫步街头，长裙重新赋予了她们战前的女人味。

淑莎（Chucha）展示第一款由卡纷和玛丽-罗丝·勒比戈设计的少女文胸"西纹娜"。
图片来源：卡纷夫人档案收藏

"我的裙子将永远保持'青春'的风格，圆润的肩膀、纤细的腰身、宽大的裙摆，让人有自由活动的空间。"1948 年，卡纷在一季度的 *La Femme Chic* 杂志上这样写道。春季系列因此被命名为"桑巴舞（Samba）"、"甜面包（Pain de sucre）"、"弗朗西扎（Franceza）"和"卡里奥卡（Carioca）"……该系列的裙摆很宽，荷叶裙下附有衬裙。巴黎女人从未见过这样的穿法，这个系列大获成功 。*La Femme Chic* 杂志同时指出："显然，这与 1885 年 *Le Journal des Demoiselles* 中所描述的优雅与迷人相去甚远。""它惊艳、震撼、对比鲜明、色彩艳丽、千回百折、光芒四射……这些灵动的颜色为时装设计带来了些许夸张的细腻元素，与卡纷的大胆精神相得益彰。"

天然材料，比如巴西人大量使用的木材，也给卡纷以灵感，用细节为衣服增添个性。"这件灰色连衣裙用褐色软皮带系紧，带扣是插入圆环的一截原木，质朴却有趣。"*Votre Beauté* 时尚版记者观察到。卡纷继续将 V 字领口向下延伸，在白色衬衫外穿上超短外套，或是用黑漆皮带系住套裙，并搭配合适的手包和鞋子。

但是，是什么激发了卡纷的冬季灵感，采用火热的红色和只有腓尼基富商才会穿的亮紫色？

法伊莎（Faïza）公主，即法鲁克（Farouk）国王的妹妹，也是卡纷的客户。她刚刚在自己的国家成立了埃及妇女权益促进协会——"新女性协会"。她想在开罗举办一场晚会庆祝该机构启动，卡纷当然不会错过这次展示自己的服装系列的机会。

这一年，玛德琳·德劳（Madeleine de Rauch）的一位模特经常出现在埃及摄影师萨伊德的镜头前，为 *L'Art et la Mode* 拍摄照片，她叫雅克利娜（Jacqueline）。这位穿短袜的小个子女孩要从香街圆点广场乘坐公交车去摄影棚。有时她驻足在著名时装设计师的橱窗前，透过缝隙欣赏里面的服装。一天早上，萨伊德告诉她："卡纷正在寻找一个新的模特，带去埃及……"

"可惜你是褐色头发！"卡纷在欣赏这位美女的步态时脱口而出，

*La Femme Chic* 封面：
卢沙尔为一件白色欧根纱刺绣的花园晚礼服以及黑色配饰绘制的草图，1948 年。
图片来源：巴黎时尚博物馆加列拉宫
图书馆文献
摄影：多洛莱丝·马拉

"你有护照吧？""法比安娜"是卡纷给她起的艺名，巴黎最漂亮的模特之一进入了这间让她十年不离不弃的时装屋。后来她成为贝尔纳·博尔德里夫人（Madame Bernard Borderie），并主演了三部电影。卡纷依照法比安娜的身型设计了整个系列。法比安娜带领一队美貌的模特，像明星一样走下舷梯，进驻开罗。卡纷和她的 12 位模特在牧羊人酒店受到隆重接待，那里是英国"绅士"们的聚集地。为了准备时装秀，他们特意开放了壮丽的沙米拉姆酒店，还有沿着尼罗河边的一间间沙龙……从礼节上讲，模特们会先为国王和大臣展示服装；然后，第二场沙龙留给公主们和随从；之后轮到大公和帕夏族；最后才是全国的大贵族们……在展示了 150 套服装之后，年轻的女孩们笑着计算自己已经走了 7 公里的 T 台！卡纷再一次箱子空空而回。自此，卡纷每年受

"我的风格"草图，1948 年版。
图片来源：卡纷夫人档案收藏

莜丝亚（Fawzia）皇后、法伊莎公主和国王法鲁克的妹妹们身着卡纷设计的服装，1951 年，摄于开罗。
图片来源：Keystone

La Femme Nouvelle 封面，
由法伊莎公主创办的协会刊物。

为了在开罗设立时装屋，卡纷
参观了亚历山大港的面料厂，
1949 年。
图片来源：卡纷夫人档案收藏

邀赴埃及展示她设计的时装。她的刺绣长裙、为大型晚会设计的精美
褶裥连衣裙都大获成功……模特们一次次地飞往这个热情好客的国家，
迎接她们到来的是盛大的晚会。人们在沙漠中央支起的大帐篷里举办
晚宴、过周末，也在苏伊士运河上的乡村俱乐部里游泳……

大自然、河中纸莎草的色彩与水生植物的颜色混合交织在一起，
晚霞、街上妇女花花绿绿的"长裙"，还有埃及的建筑和绘画，都是卡
纷新的灵感来源。1948 年的冬天，"双耳瓮（Amphore）"和"线团芯

（Fusette）"系列成为圆点广场的"明星产品"。

后来，挑剔的公主们要求她们最喜爱的女装设计师在当地建立工作室。卡纷的一位金发模特皮埃尔特（Pierrette）被一位英俊的、有着琥珀色眼睛的帕夏俘获了芳心，她决定定居开罗，卡纷不得不忍痛割爱。既然皮埃尔特已经在当地定居，也许她能够经营一间沙龙？皮埃尔特拥有精致的品位，她用卡纷式白绿相间的色彩和当时流行的英式家具点缀了沙龙优美的环境。还从巴黎请来了工作室的首席裁缝师雅娜特（Jeanette）和女工们，很快卡纷分部就在开罗成立了……

时装大佬们低声讨论着巴黎本季的流行趋势——"潮流导向"，而"时尚受害者们"正从旧式礼服和毛皮长披肩中挣扎出来……

吕西安·勒隆关闭了他在马提尼翁大街上的时装屋。

1949 年初，面料制造商预见了优雅女士们对阳光和古铜色皮肤的渴望，把阳光融入轻纺织品中。查尔斯·特雷内（Charles Trenet）在歌曲《大海》中唱道："沿着清澈的海湾跳舞"，激发了设计师们的无限想象：莫罗（Moreau）的巴拿马面料的柔和色彩，比安基尼·费里耶（Bianchini Férier）的里维拉南方风情印花布，库迪里耶（Coudurier）

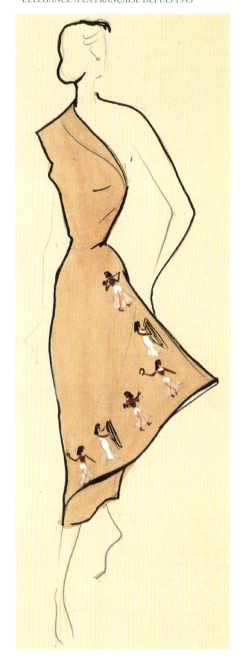

连衣裙"巴尔米拉"草图，
1949 年夏季系列。
图片来源：卡纷夫人档案收藏

飞行的间歇，卡纷有机会去看埃及浅浮雕，并从中汲取灵感。
图片来源：卡纷夫人档案收藏

后两页：

亮红色雪纺酒会礼服，低方领口，希腊式褶裥卷，1950 年前后。
图片来源：卡纷夫人档案收藏
摄影：多洛莱丝·马拉

的珠光印花、科尔孔贝（Colcombet）的金光云纹织物、格蒂（Guitry）的波利尼西亚印花布、辛克莱尔（Sinclair）的异国色彩和马尔泰利（Martelli）手工编织的石榴石色丝质布袋"日出时分的鹳鸟"。当有些设计师提倡不对称服装和帽子的设计概念时，卡纷将服装系列的主题定为异国情调，主打"一件式"和"系带"，即无缝剪裁、直筒小套裙、波浪形领口和短袖、交叉式裙摆等。系带式小套装上的条纹、饰边、千鸟格或鲜艳的格子比以往任何时候都多。晚礼服方面，蝉翼纱、绣花罗纱和刺绣薄纱继续占主导，花朵装饰则镶嵌在裙摆上。

学会"塑造自己的身体"和开启健身文化都迫在眉睫。"女人们应该首先考虑自己的身材，再去满足拥有美丽衣裳的欲望，幻想裙子的颜色和形状。"*Votre Beauté* 这样写道，目的是提醒女士们注意："无肩宽领口需要结实圆润的手臂、挺直的背脊，肩胛骨不能突出，且不能有一点赘肉……"

1950 年初，卡纷的沙龙显得有些拥挤。相邻的公寓是摄影师亨利·曼努埃尔（Henri Manuel）的工作室，而他正好准备搬家……不久后，我们的急性子设计师便打断隔墙进行了扩建，装修风格依旧是绿白基调。时装屋的后面有部现代感的电梯，可以通向专属于高级定制的楼层，让顾客在等待时装秀的同时，选购一些小饰品。同年春天，一场盛大的聚会把所有朋友都聚在一起，冬季系列在升级后的店铺展示。坐在第一排的是她最亲密的朋友：弗洛莱特和雅克 - 亨利·拉蒂格、薇拉（Vera）和亨利 - 乔治·克鲁佐等人。

法国纺织业正处于全面重建中，为了让产品再次走出国门，制造商越来越有创意。1950 年是亚麻年，家居用品和服装制作都用上了亚麻布，因为客户们需要结实耐用、质量好的衣服。布料商们把独家面料留给了他们最喜爱的设计师，设计师们的作品在走向全球时却也带来了新的威胁——被抄袭。参加时装发布会是时尚界所有专业人士的职责，但对服装设计师来说，这也成了一种威胁，因此设计师往往更愿意把自己精心设计的时装留给精英们。在画室，人们时刻留意着垃圾桶，把废弃草图看得比国家机密还要重要，生怕被别人拿走……

亮眼的洁白色是 20 世纪 50 年代的主打色。白色的细亚麻上衣既可以单穿，也可以搭配在套装里。在法国和美国，以劳伦·白考尔（Lauren Bacall）为代表的少女们挑衅般地卷起袖子……白色也是 T 恤衫的颜色，完美展现了电影新秀马龙·白兰度（Marlon Brando）在《欲望号街车》中的运动身材；还有阿尔莱蒂，她一年四季只穿白色。卡纷将白色分解并融入在她非常重视的细节中：在看似乖巧的浪花衣领上，在袖子的内置绉泡里，在第一次舞会晚礼服花边的抒情飞舞中……

薇拉和亨利 - 乔治·克鲁佐在时装屋升级后重新开业的秀场，1950 年。
摄影：西伯格（Seeberger）
图片来源：法国国家图书馆

"多哥"夏日非洲布长裙。
摄影：西伯格
图片来源：法国国家图书馆

左页："康康"海滩服，1949 年。
摄影：西伯格
图片来源：法国国家图书馆

47

«Paris-Londres» manteau en tissu reversible- boucles or-

Geneviève

couture sur cafe.

couture de l'emmanchure

couture de côté

détail de la cafe formant manché à part.

左页：
"巴黎 - 伦敦"大衣草图，
旁边配有绿色呢绒和红
绿格布样。
图片来源：卡纷夫人档
案收藏

在美国，一场变革彻底改变了高级时装业。百货公司，像罗德与泰勒（Lord and Taylor）、尼曼百货公司（Neimann-Marcus）或是亨利·班德尔（Henri Bendel）这些前卫派的"代言人"与几位巴黎时装设计师签订了合同，为美国人创造适合她们风格的时装。年轻姑娘们"不想再穿得像妈妈一样"，这引起了设计师们的关注。于是我们看到"青少年"风格占据了舞台，穿着"鲍比袜"和"便士乐福鞋"的女孩们将短袜（也是白色的）卷到脚踝。20 世纪 90 年代，这股潮流再次卷土重来，从"学生"到"知识分子"再到"艺术家"或"乖乖女"风格。自此，我们只需看一眼她的穿着便可知道她是属于什么风格……

1950 年是卡纷职业生涯中重要的一年，同样也是旨在让人们更容

卡纷为 *Fleur Bleue*
杂志特别设计的"蓝花"长裙。
绘图：让·法孔 - 马雷克（Jean Facon-Marec）
摄影：多洛莱丝·马拉

洁白色是 1950 年的流行色。淑莎身着绣有金色流苏，褶裥精细的"尼俄伯"（希腊神话中的王后）长裙。
摄影：西伯格
图片来源：法国国家图书馆

卡纷身穿自制的白色棉质拉链裙，在她的客厅里打理花瓶里的菖兰。
摄影：多尔文（Dorvyne）

易接触到高级时装的"试验成衣"（当时还没有"成衣"这个名词）的一年，在原服装公会副主席让·戈蒙 - 浪凡（Jean Gaumont-Lanvin）的建议之下，巴黎的五位高级时装设计师将和七家著名的优质服装制造商合作，每一季都向外省和某些国外城市独家发售他们设计的七套时装。很快，卡纷、杰奎斯·菲斯（Jacques Fath）、罗贝尔·比盖、让·德塞斯（Jean Dessès）和帕坎（Paquin）就加入了团队。对那些预算较少或不住在巴黎的女性来说，这真是天赐良机，她们也梦想着拥有"名牌"时装。1950 年秋，由"合作时装设计师"制作的第一批时装一下子就卖出去 8000 件！可是这一创意只持续了三年，因为对于讲究细节的时装设计师来说约束太多了，布料不够奢华，而且顾客无法现场试衣导致衣服不够合身。罹患重病的罗贝尔·比盖于 1951 年彻底关闭了店铺。1952 年，马塞尔·罗莎接替帕坎，推出了最后一个秋季系列。只有卡纷毫不犹豫地把工作室的女工派到需要的地方，用"卡尔维（Calvi）"礼服打破了销售记录。尝试的时间虽然短暂，但创意开始生根发芽……

1950 年，也是丝巾年，最时髦的女士们偷偷把丈夫或男友的手绢系在头发上。在卡纷时装屋，美丽的丝巾加入了帽子、手套和手包等

卡纷为 *Couturiers Associés* 绘制的两幅图 ,1952 年和 1953 年。
图片来源：卡纷夫人档案收藏

1951 年夏季系列的主打款，
"圣萨尔瓦多"连衣裙，印花
生丝缎，面料上花朵图案镶
嵌在腰部以凸显细腰。
手稿：卡纷夫人档案收藏

卡纷夫人的一位模特身着"圣
萨尔瓦多"连衣裙。
图片来源：皮埃尔·布拉
(Pierre Boulat)
摄影：多洛莱丝·马拉
卡纷夫人藏品。

饰品系列，独创的混合色让人心生愉悦。

慕尼丽丝船长关闭了时装屋，他的顾客转向了雅克·格里夫（Jacques Griffe）。

从 1951 年夏季系列的面料和主题中，可以感受到卡纷对旅行的狂热。首先是亚麻的使用，当然还有轻薄的棉布、可水洗面料，轻便宽大的大衣仿佛舷梯一关便准备起飞的样子，迷人的晚礼服裙，还有为白马王子的新娘们准备的各式婚纱……这一年，团队发现了中美洲的市场，卡纷对墨西哥产生了极大的兴趣。

"金光"晚礼服手稿，以及模特照：浅褐色丝纱在相同色调的罗缎底布上，由金线突出浅镶褶纹，1949—1950 年冬。
手稿来源：卡纷夫人档案收藏
图片来源：西伯格，法国国家图书馆

肩部设计不对称的晚礼服，以及
同样不对称的真丝雪纺宽荷叶边
映衬着刺绣白花，1952 年春。
图片来源：路易·R. 阿斯特
（Louis R. Astre）

　　"墨西哥始于路的尽头。"法国电影人弗朗索瓦·赖兴巴赫
（François Reichenbach）如是说，他无条件地爱着这个国家。这也
正是卡纷和模特们的感受，墨西哥城的优雅女士没有什么可羡慕巴黎
女人的。继墨西哥城之后，她们又探索了人迹罕至的小村庄，这里完
全与世隔绝，男人们穿着红色的衣服，女人们却穿一身黑或是装饰得
像画一样的上衣。墨西哥是卡纷钟爱的国度，那里有她喜欢的极乐鸟，
那里的叶子是绿宝石色的，蕨类植物肆意地生长，植被茂盛仿佛大教
堂……"我们还去了阿卡普尔科。"卡纷饶有兴致地回忆道，"那是
一个地道的渔村，相当有魅力，海滩上还有一排小木屋！"回到法国
后，卡纷根据脑中浮现出的色彩鲜艳的连衣裙，绘制了带有刺绣和渐

淑莎身穿晚装套裙"热情"：不对称的肩部设计，白色缎面，腰间绽放一束雏菊，1952 年夏。
图片与手稿来源：
卡纷夫人档案收藏

右页：
浅灰色面料制作的"庭院"套装上绣有黑色仿阿兹特克图案，更显气质。让·巴特（Jean Barthet）为法比安娜设计了同色草帽，1951年春。
图片来源：卡纷档案收藏
摄影：让-路易·穆桑派斯

变元素的错视效果的图案，"我要做的不是连衣裙，而是空中花园……"在此之前，她曾在哈瓦那和纽约停留，与美国皮衣商马克西米利安（Maximilian）和法国珠宝商梵克雅宝一起在广场上举办了时装秀。绿色天鹅绒连衣裙上绣有的水钻和玛吉（Maggy）所戴的梵克雅宝发冠上的宝石相得益彰，马克西米利安还在模特光滑的肩膀上披了件他刚刚为埃及女王制作的白色貂皮长披肩。

同期，皮尔·卡丹（Pierre Cardin）迅速走红，并推出了他的处女作系列。

1952年的时装趋势倡导一种全新的轮廓："如今，人们更加喜欢修长的躯干。"吕西安·弗朗索瓦，这位对女性身体着迷的记者在12月的 *L'Officiel de la Couture* 上指出，"胯部逐渐变得不明显，流畅的线条滑到腰际线，腹部平坦……混身圆润的夏娃已经过时，未来的夏娃不再凹凸有致，而是瘦长纤细。没有赘肉，线条流畅。纤细的手臂连接平滑自然的肩膀。上身舒展，乳房隐藏在横向波纹褶裥间。在平坦的小腹之上几乎看不到腰身，胸围延伸到瘦削的臀部两侧。上衣面料的褶裥不显背部，大腿在低调的贴身款下也不过分突出，令女性身姿傲人、举止高贵。形态的适度转变令人联想到严谨的罗马艺术，而昔日的丰满则映射出洛可可式的柔美起伏……"

同年，卡纷的夏季系列在意大利、瑞士和荷兰亮相。她推出了两个完全不同的系列："棕榈"系列以直筒形、有节制的剪裁为主；"太阳"系列则以宽大的喇叭裙为主。日间裙采用阿兹特克式花纹面料，晚礼服则为锥形或配以白色蝉翼纱花冠，外加精致的刺绣花瓣。冬季，所有的设计师都会优先考虑舒适性，采用制造商出售的柔软舒适的新式羊毛面料。小礼服在厚领大衣或者披风的保护下，暂时取代了套装裙。这一季的亮点之一也是以皮草为特色的面料。2月2日开业的最年轻的设计师于贝尔·德·纪梵希（Hubert de Givenchy）的服装沙龙里陈列着貂皮大衣，芒代尔-玛吉·鲁夫（Mendel-Maggy Rouff）

的设计突出的是朴素而精湛的皮草剪裁，让·巴杜的天鹅绒衣领则变成了海狸毛……

卡纷从海底动植物群汲取冬季设计灵感，"美人鱼"系列紧贴身体而不束缚身体，连传统的束腰都不用了。面料像流水一样顺滑，呢绒和锦缎波光粼粼……

"新生的时尚希望能在女性眼中看到惊喜，在男性的微笑中看出一丝狡黠。"*L'Officiel* 幽默地指出，仿佛在掩饰对高级时装界受到价格较低的大规模生产和机器制造所带来的严重威胁的担忧。两万名"裁缝"拥有将近 50% 的女性顾客，她们的增长速度令人不安。在经济不景气

这条花冠裙的宽裙摆正好可以秀出法比安娜的美腿……摄于 1950 年左右。
图片来源：卡纷档案

法比安娜身着上身绣有金线，下身为喇叭状三层薄纱裙的晚礼服，姿势庄重，摄于 1950—1951 年冬。
图片来源：卡纷档案
摄影：布朗松（Bronson）

左页：

1952 年春季的经典之作，"香芬"晚礼服，黑灰渐变的薄纱，上面绣有层层叠叠的白色蕾丝花朵。
卡纷夫人私人收藏。
摄影：多洛莱丝·马拉

1954 年 10 月，雅克 - 亨利·拉蒂格按下自动快门，拍摄下了这张他正在拉平达妮埃尔（Danielle）的薄纱衬裙的照片，摄于香街圆点广场。
图片来源：雅克 - 亨利·拉蒂格摄影之友协会

的情况下，精明的设计师们接二连三地开设了价格优惠的"精品店"。

当年的 *Vogue* 春季刊告诉我们："挺拔的身材、笔直的身段，这便是 1953 年流行的体形。"面料方面，只采用动物毛皮、天鹅绒、细丝、马海毛和印花羊毛制作配套的连衣裙和大衣。外套下的衬衣或是穿在大衣里面的印花织物变得更加重要。人们喜爱英式粗花呢，喜欢穿平针织物，偏爱各色法兰绒。针对晚宴，特别是大型晚会，卡纷会使用缎子、珠罗纱、欧根纱甚至是天鹅绒作为面料，并用珍珠和水钻刺绣点缀。

这一年，模特们在里斯本展览会上走秀，卡纷结识了巴黎伯爵夫人和意大利翁贝托国王。自此，她开始为法国的公主们还有萨瓦公主玛丽·加布里埃尔（Marie-Gabrielle）和南斯拉夫公主玛丽亚·皮娅（Maria-Pia）设计服装。

国王路易十五特别欣赏"小鹌鹑"身材（与家禽无关），这成为卡纷1954年系列的灵感来源。飘逸的晚礼服，刺绣源自路易十五的家具中的圆花窗造型、花篮和中国风图案。在这些闪亮的绸缎、透亮的欧根纱和大量的蕾丝中，深红色让人联想到科罗曼德尔屏风，与中国蓝、天蓝色或贝壳灰形成鲜明的对比。衬裙不再宽大，白天穿的柔软裙子再度用腰带束起，套裙上衣用粗羊毛面料打造燕尾的效果。晨间套装

舍夫勒斯公爵夫人（Madame de Chevreuse）的奢华晚装：多层白色薄纱裙，白绸紧身胸衣，淡紫色刺绣烘托，配有白色缎面内衬的淡紫色天鹅绒大披肩。
图片与手稿来源：卡纷档案

奥黛丽（Audrey）身着"阿根廷"晚礼服，黑天鹅绒上衣落在白色珠罗纱裙摆上，下面用黑色丝线绣有菱形渐变图案，1959 年秋。
图片来源：卡纷档案

里的"手套"系列采用斜纹粗花呢或单色呢绒，其亮点是采用了完美的剪裁和有结构的隐密褶裥。

其他设计师除了缩短晚礼服的下摆以及采用各式各样的羊毛面料，这一年没有特别的设计趋势，也没有明确的身材取向，依旧是纤细瘦长。不论是穿百褶裙还是套裙，重点是在庄重的衣服下营造"自然"的气息，比如利用 *Silhouette* 杂志列出的"一千个必要的小物件"。"……这些小饰品营造出优雅的氛围，极尽潇洒别致，这一切创造了时尚……原先扁平的手袋变得圆润，长手套回归，有时甚至覆盖四分之三的手臂……五年前的阳伞，合拢时不超过 50 厘米，现在却变得更长更细，非常像世纪之初的针形伞……"风向标别针、宝石发卡取代缎带成为主流；腰带上饰有星形坠；"马蹄形"别针专为女性运动爱好者们打造。随着《一个美国人在巴黎》和《罗马假日》的上映，所有巴黎女性都想模仿莱斯利·卡隆（Leslie Caron）和奥黛丽·赫本（Audrey Hepburn）的妩媚或烂漫风格。她们留着短发，戴着简朴小帽或是海军贝雷帽。一位美发师在伦敦邦德街 108 号开了一家黑白色装修风格的发廊。他不受制于时下的潮流，用精雕细琢的发型突出脸部的圆润轮廓，以彰显客户的个性，这在当时是极大的创新。这位发型师就是维达·沙宣（Vidal Sassoon）。

1954 年，杰奎斯·菲斯辞世。古稀之年的香奈儿重开了已关闭 15 年之久的时装屋，夏帕瑞丽则关闭了自己的时装店。

这一年也是卡纷时装进军哥伦比亚的一年。直到 1955 年冬天，卡纷才重新回归巴黎，带回一种金碧辉煌的时尚。从中也能发现中国京剧的影响，毕竟京剧团来巴黎演出是当季的盛事。"金色、东方、东方线条"是新系列的主题，该系列由 223 件衣服组成，面料上饰以金属绣花或是带有波斯短剑、锦缎、中式衣领以及金黄色调等细节。这一年，适合夏季的"卡纷丝巾"面世，印在细亚麻棉布上。而精品店新推出的"卡纷童装"则是为年轻顾客们的妹妹打造的。炫目的服装系列中既有各种条纹和褶裥，也有宽大的夹层。"灯芯草"系列无限延伸女性

达妮埃尔（Danielle）向雅克‑亨利·拉蒂格
展示白色缎面晚礼服，这是一件令人赞叹的阿
拉伯式刺绣有紧身胸衣效果的精美作品。
图片来源：雅克‑亨利·拉蒂格摄影之友协会

的身形，并让卡纷获得新的灵感，设计出一种浅口文胸，即"55 号文胸"。它是由结实轻巧的材料剪裁而成，提升并包裹乳房，同时收腹平腰。这一年，卡纷和模特们将赴伊斯坦布尔，开始在中东推广系列服装。

"到底戴不戴帽子？"设计师、优雅女性们和记者们开始思考。随着美发师在技术上的进步，女性们都开始想要展示自己的头发。珍妮特·科隆比耶（Jeannette Colombier）在 *France-Soir* 上不无伤感地说：

弗兰琪（Frankie）展示采用了杂色花呢和卷毛羔皮领的"阿里巴巴"套装，1954 年冬。
图片来源：卡纷档案
摄影：弗雷德·布鲁梅（Fred Brommet）

奥黛丽身着藏蓝色和白色相间的千鸟格棉质薄纱连衣裙，1959 年春夏系列。
图片来源：卡纷档案
摄影：吉尔贝·鲁瓦
（Gilbert Roy）

前页：
希腊风格的垂坠式酒会礼裙，
蕨绿色丝质雪纺，单肩褶裥，
1950 年前后。
曾归莉丝·布尔丹所有。
卡纷夫人私人收藏。
摄影：多洛莱丝·马拉

"我们这些制帽者正在走向死亡。这都是美发师的错。常常看到女人们从理发店里出来时，手里拿着帽子，为什么？因为理发师告诉她们：最好别戴帽子，否则发型就全乱了……"然而在高定界，一个系列的时装发布会不能没有帽子（或者手套）。尽管真正优雅的女性还是会像英

国女王和玛格丽特公主一样继续戴克洛德·圣西尔的帽子，但记者们
已经开始不戴帽出行了。

　　*L'Officiel de la Couture* 的摄影记者愤愤不平道："我参加过许多场
时装发布会。我数了一下：在参加不同时装秀的 200 名时尚编辑中，戴

帽子的只有三四十位，而且大多数是外国人！为什么制帽商不要求她们戴帽子？……这样我们就不用见到某些人乱七八糟的头发了，这和我们的优雅氛围实在不相符……"保罗·莫罗西（Paul Morousy）在另一期 *L'Officiel de la Couture* 中写道："很少有女人了解帽子的力量。它们并非只能展现优雅，还能展示自由、热情和美好的性格，它们完全可以被用作征服一切的吉祥物。当一个女人承认她的'对手'是因年轻而超越了自己，那么一顶帽子就能挽回败局！"眼下，人们只会

左页：

白玫瑰和绿色缎面叶子上盖着一层薄纱，典型的卡纷式时尚，1960 年左右。巴黎时尚博物馆收藏。清单编号 1974-4-19第 J. 46 号，加尔松夫人（Madame-Garçon）捐赠。摄影：多洛莱丝·马拉

乳白色丝质绉纱酒会礼服。褶裥紧身胸衣，绣有银色珍珠和水钻流苏，1955 年。卡纷夫人私人收藏。摄影：多洛莱丝·马拉

戴上一顶小帽或是用头巾盖住前额。卡纷则不受这些争论的干扰，趁机帮助让·巴特，使之成为"女式小帽之王"。之后，他便开始为电影明星们制作帽子。

1956 年春，柔和的色系和花布回归时尚界。这一年流行轻薄透气的面料，合成纤维和天然纤维的混合也变得越来越普遍，因为女性们需要实用和抗皱的衣服。冬天则主要是羊毛与丝绸、尼龙、丙烯酸纱线和涤格尔的混织。该季的卡纷绿是"橄榄色"，"橄榄色"同时也是系列的主题名，讲究圆润柔美。和其他同行一样，卡纷用斗篷和披肩

白色锻面紧身长款晚礼服，布满黑白水钻刺绣，并以白色薄纱翼点缀，1956 年。
图片来源：卡纷档案

盖住肩膀，大衣则显得有些失宠；而皮草可用于制作大衣或各种饰品。同年，卡纷也推出了男女奢华针织系列"晴兰（Kinglènes）"和"琪兰（Kisslènes）"。这些针织品采用卡纷钟爱却还未曾在针织品中使用过的颜色，在法国北方鲁贝一家现代化工厂制作而成，获得了巨大的成功。

"轻盈、欢快、年轻"是1957年夏季"沙漏（Sablier）"系列的关键词。和其他品牌一样，衬衫连衣裙成为宠儿，腰带变得可有可无。在花园派对上，不再僵硬的芭蕾舞短裙搭配"军裤式"褶裥雪纺衬裙；

艾尔莎（Elsa）展示1956年春夏季系列中的一件橄榄绿小西装。
让·马努萨尔迪（Jean Manusardi）夫妇收藏。

乳白色的缎面鸡尾酒长礼服裙上绣有苦艾和金色花朵图案，裙摆使用了棕黄色的雪纺面料，1956年。
卡纷夫人私人收藏。
摄影：多洛莱丝·马拉

71

黑色塔夫绸长款晚礼服，
绣有亮片的黑色蕾丝，
1970 年前后。
卡纷夫人私人收藏。
摄影：多洛莱丝·马拉

而盛大晚宴上，一定有塔夫绸和浪漫的刺绣。冬季的"水壶（Aiguière）"系列用蓬松的裙子突出美腿，日间裙的裙摆缩短到离地面 40 厘米，晚礼裙则是 42 厘米。卡纷精品店推出了领带，其特点是领结下的三个"神父小钮扣"，使其看起来更贴近衬衫。保罗·科林（Paul Colin）、布里萨克（Brissac）公爵和埃迪·康斯坦丁（Eddie Constantine，当时巴黎的邦德式人物）等男性立刻就戴上了它。同年，晚宴金丝袜设计出笼。"亲爱的卡纷，感谢您的美意。"路易丝·德维尔莫兰在收到卡纷托人送来的礼盒后在漂亮的信笺上写道，"多亏了您，我才容光焕发……"

这一年，时装界因克里斯汀·迪奥的去世而笼罩在悲伤的气氛中。在其工作室工作了两年的伊夫·圣罗兰（Yves Saint Laurent）接替了他的工作。姬龙雪（Guy Laroche）搬到蒙田大道，路易·费罗（Louis Féraud）则推出了他的第一个巴黎时装系列。

1958 年 2 月，卡纷前往哈瓦那。在纯品康纳酒店的宽敞大堂中，人们搭起了一个绿茵剧场，中央是穿着系列中最美裙装的年轻姑娘们，她们来自当地上流社会，和卡纷的模特们一起走秀。回国后，卡纷设想着流畅而轻盈的夏季时尚。设计者们采用了梯形线条，放宽连衣裙，不突出胯部，并采用那不勒斯冰激凌色条纹。常客们说："在圆点广场，督政府风格大行其道，腰部被提得很高，腰带在胸胯之间随意滑动。"受古典时期启发，轻薄的衬衫连接护脖，让人想到穿"古希腊或罗马服装"的时髦女性。短裙长度则在离地面 46 厘米处。

渐渐地，人们感受到新时代的到来，他们只梦想着自由和放松，梦想着全新节奏的音乐，梦想着在时髦的度假胜地圣特罗佩的海滩上让头发任海风吹起。那里，人们穿着粉白格子的"圣特罗佩长裤"、从长兄那里借来的"T恤"或是棉织短衫，在肩上打两个蝴蝶结，褶皱裙挂在腰间……高跟鞋被收起，人们更青睐"平底轻便鞋"，白天穿白色的，晚上穿金色的，这款鞋由罗兰·佩蒂（Roland Petit）的母亲丽派朵（Repetto）夫人设计，碧姬·芭铎（Brigitte Bardot）也曾穿过。穿着这样的鞋子在猫王（King Elvis Presley）或者佩吉·李（Peggy Lee）的"狂热"的音乐中起舞，最为惬意！以舞者服装为设计灵感的第一条"连裤袜"最初并未引起注意，只是静悄悄地出现在市场上。

"我听说1959年的春季系列将回归浪漫。太好了！"让·迪谢（Jean Duché）在3月2号的 *Elle* 中欣喜地写道，"布袋裙或木桶裙透露着浪漫的气息……"正如每年春季，设计师们都对海蓝和白色情有独钟，这一年流行的是大领、翻领和领饰。玛吉·鲁夫喜欢船形衣领；里奇偏爱巨形花布宽领；巴尔曼喜爱绣花；卡纷则将亚麻、刺绣蝉翼纱、提花布和英式飞边刺绣混搭在一起，袖子既"显眼"又张扬。人们想要的是实用性强的衬衫，其袖口通常是白色的花边，既不过于运动也不过分讲究，轻松活泼，尤其适合年轻女孩们。衣橱中的基本款是套裙，但也有清新风格的裙子和花布裙子。冬天的衣服肩线更明显，法兰绒和厚羊毛套裙是首选，大衣从小腰身款变成风衣款。卡纷和她的团队再次开启了世界巡回展，其中包括有皇室成员出席的在德黑兰王宫召开的服装展示。

伦敦，一位25岁的年轻时装设计师在国王路开了一家地标性时装店，她叫玛丽·官（Mary Quant）。

"柔和的线条，弯曲的弧形，没有一丝突兀或断裂，面料如水般流淌在身上，带着阳光般明媚的色彩。1960年夏天注定是一个和谐的季节。" *La Femme Chic* 杂志专栏作家预言道，揭开了公主系列的新面貌。*Elle* 则认为这是"更新衣橱的理想之年，我们在不断优化，是时候规划和做出决定了"。就像新法郎的外观一样，1960年的女性们"清新、自然、

奥利维娅（Olivia）展示"热月"——一件紫色和蓝色锦缎的提花露肩酒会礼服，1958年冬。
图片来源：卡纷档案

"洛迪"真丝两件套，蓝底白点，
后领口露肩设计，1958 年冬。
摄影：B. 德托莱多（B. de Toledo）
图片来源：卡纷收藏

新颖"。法国女人虽然喜欢运动，但并不知道如何"保养"。除了每天十分钟的体育锻炼外，现在开始她们要学会保持"清洁、无妆、光滑"的皮肤，每天洗澡，保护牙齿，每半年烫一次头发……

裙子变得更短，女人们穿着衬衫式外套、吊带衫、短上衣或是无袖"套头短衫"。卡纷将上衣加长，推出长款夹克套装，并从上次的埃及之行中汲取灵感，设计出胯部搭配宽腰带的裙装。"这样修改，更适合在巴黎穿着。"另外还有开衩包臀式直筒裙以及剪裁得很短的上衣。"精致的细节、高贵的色调和异国风情为潮流增色，风格年轻而充满生机。"*La Femme Chic* 评价道。进入秋天后，针织、绉纱、羊毛蕾丝的黑色小套裙几乎成为所有设计师的宠儿。完美的巴黎女人为她精心保养的双手戴上手套，保持矜持的姿态，佯装无视正在发生的变革……

如果我们将时尚视为见证时代的艺术标志，那么通过观察某些"设计"的演变，我们便可以推测之后几年的发展。20 世纪 60 年代的女性在很短的时间内彻底改变了她们的装扮。"白色"……她们要白色：白木头、白塑料、白尼龙，她们还想要透明的玻璃、有机玻璃、落地大玻璃窗……那是诺尔家具、阿尔瓦·阿尔托椅子、塔隆楼梯和像最新款电动顶篷凯迪拉克一样宽敞的美式厨房盛行的年代……用小巧玲珑的"笔式摄像机"拍出黑白片，法国新浪潮电影让年轻演员成为时代明星。梅利纳·梅尔库里（Melina Mercouri）沙哑而华丽的嗓音、丰满的双腿和在电影《永远别在星期天》中火山爆发式的表演，让全巴黎人打着响指哈哈大笑，电影插曲《比雷埃夫斯的孩子们》也大受喜爱。

诞生于 19 世纪、形象稍显过时的高级毛皮品牌"英国女王（La Reine d'Angleterre）"正在考虑关门。卡纷从皮货商布伦斯威克（Brunswick）的侄子——罗兰·梅耶（Roland Meyer）的手中买下了这个品牌。随后她开了一家豪华皮草分店并留下了原来的毛皮制品工人。制作皮草和设计时装，这是两种不同的工作……"我当时什么也不懂！"卡纷坦承。于是，她萌生了去加拿大办秀的想法。1961 年，在回国之前，这位完美主义者趁机找到当地制革商和制皮商做了

露背款短款晚礼服，金线
花边缝在金黄色薄纱衬
裙上，1958年。
卡纷夫人私人收藏
摄影：多洛莱丝·马拉

浅褐色蕾丝绣金短款晚
礼服设计灵感同"金线"
系列。
图片来源：卡纷档案

次见习。那一年，冬季系列中八分之七的花呢或马海毛大衣均饰有海狸、羊羔皮或是负鼠皮毛宽衣领。色彩的灵感来自鸟类羽毛，各式大衣被分别命名为"凤头麦鸡""灰雀""黄嘴山鸦"等。

1962 年，菲利普·韦内（Philippe Venet）的时装屋开张了。而在伦敦，为孩子烤制两个鸡肉馅饼的间隙，一位不知名的年轻威尔士女子在餐桌上画着花花绿绿的布料，她的名字是罗兰·爱思（Laura Ashley）……伊夫·圣罗兰和皮埃尔·贝尔杰（Pierre Bergé）合作，推出了他的处女作系列……勒克莱尔将军大道上，全巴黎的

这款蓝白色印花雪纺酒会礼服的衬裙卷边需要至少 13 名工人共同完成。
图片来源：卡纷档案

同一款式的变体"灵动"，由弗兰琪穿着展示，1959 年。
图片来源：卡纷档案
摄影：迈克·迪尔芒（Mike de Dulmen）

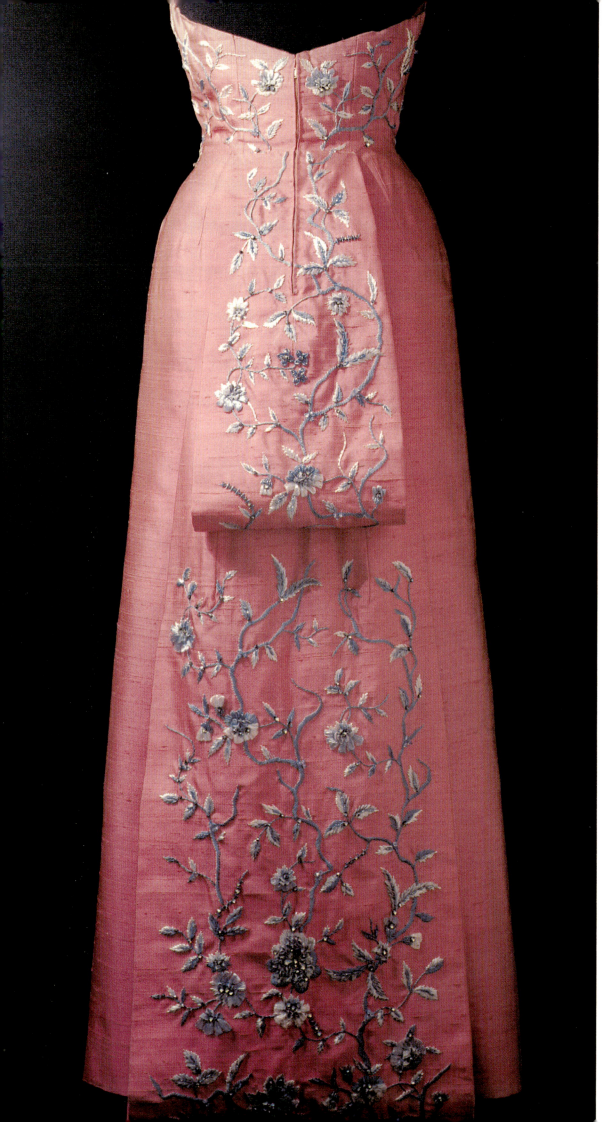

紫红色真丝长款晚礼服，
绣有草编和绿松石色图案，
并 以 亮 片 点 缀，1955—
1960 年前后。
卡纷夫人私人收藏。
摄影：多洛莱丝·马拉

奢华的貂皮大衣和貂皮软帽，
1960 年。
图片来源：卡纷档案
摄影：芒迪尼安（Mandinian）

"亚历山德琳（Alexandrine）"真
丝长款酒会礼服，印有绿色和淡紫
色花束，1960 年。
图片来源：卡纷档案
摄影：J.-L. 盖冈（J.-L. Guégan）

人都在一间窄小的店铺前排队，想买一位红头发女士编织的小毛衣，她叫索尼亚·里基尔（Sonia Rykiel）……尼姆人让·布斯凯（Jean Bousquet）则在无褶绉纱衬衣上印上了一只野鸟的名字，也就是后来的名牌"卡夏尔（Cacharel）"……

1963 年，卡纷和她的模特们再次进行世界巡回展，先是重回巴西和哥伦比亚，再到马尼拉、泰国、日本等国家和地区，探索了亚洲的魅力。在曼谷奢华的王宫花园里，诗吉丽王后观看了时装秀。香街的圆点广场，夏日清新的花裙子被命名为"黄包车（Pousse-Pousse）""茅屋（Paillote）"和"安南（Annamite）"……

"没有你我活不下去……"凯瑟琳·德纳芙（Catherine Deneuve）和尼诺·卡斯泰尔诺沃（Nino Castelnuevo）在雅克·德米（Jacques Demy）的电影《瑟堡的雨伞》中和声唱道（众所周知，雨伞这件过时的物品在 1963 年又重新流行起来……）。杜奥高尔夫俱乐部，在克洛德·弗朗索瓦（Claude François）、达尼耶尔·热拉尔（Danyel Gérard）、埃迪·米切尔（Eddy Mitchell）和约翰尼·哈里戴（Johnny Hallyday）的音乐声中，"耶耶"摇滚乐迷们跳着摇摆舞。卡丽塔（Carita）姐妹为在黛西·德加拉尔（Daisy de Galard）的节目《叮当咚》中出镜的模特们精心设计了卷发和奥普艺术式妆容。玛丽·官继续缩短裙子，进化为"迷你短裙"。在克莱贝尔大街一栋建筑二楼的隐蔽工作室里，一颗服装"炸弹"即将引爆，令服装设计师们大吃一惊。只穿鲜艳衣服的法国波城人安德烈·库雷热（André Courrèges）在他的夫人科克兰娜（Coqueline）的帮助下，推出了以白垩色和素色为主的时装系列。厌倦了传统高级时装的女人们，第一次敢于露出自己晒黑的健硕的双腿，像宇航员一样戴头盔穿靴子，快乐地向 2000 年进发。安德烈·库雷热的设计就像勒·柯布西耶（Le Corbusier）的建筑一样，不同于迄今为止的任何一款高级时装，而他本人也是建筑师最忠实的崇拜者。方肩、直筒服饰，可轻松迈大步的平底小靴子，让·巴特设计的金属花装饰的帽子，还有让腿显得修

"柬埔寨"是一款垂坠式单肩晚礼服，由柔和的丝绸绉纱制作而成。
图片来源：卡纷档案

**献给我的朋友卡纷**

梦想中的女神
自信又坚定
梦想中的女神
拥有智慧与能力
梦想中的女神
勇往直前、永不停歇
梦想中的女神
神秘、风雅、妩媚倾城
热爱学习
热衷给予
乐于接纳

埃德蒙·德·罗斯柴尔德（Edmond de Rothschild）
男爵夫人

摄于卡纷与纳迪娜·德·罗斯柴尔德
在 1960 年黎巴嫩旅行期间。
图片来源：卡纷档案

长的"朦胧"长筒袜，一同打造了"整体造型"。和其他配饰一样，眼镜的设计灵感也来自太空……时装设计师们不情愿地顺应新趋势，缩短了裙子的长度。

1964 年夏天，卡纷的轻装系列灵感来自亚洲。她在国外看到过的植物再次成为面料的主题：大朵花卉、树叶、五颜六色的鸟……10 月 8 日，卡纷光荣地接受了时任商业部与工业部长米歇尔·莫里斯 - 博卡诺夫斯基（Michel Maurice-Bokanowski）颁发的荣誉军团勋章。他以极具巴黎特色的幽默，追溯了卡纷的职业生涯，回顾了她对法国高

图片来源：雅克 - 亨利·拉蒂格摄影之友协会

锯齿形领口的粉色方格连衣裙。
其特色是对称的锯齿带以及樱
红色玻璃纽扣。
弗洛莱特·拉蒂格私人物品。
摄影：多洛莱丝·马拉

弗洛莱特赴黎巴嫩时穿着该
条连衣裙（1947 年由卡纷
设计），雅克 - 亨利·拉蒂
格摄于 1960 年。
图片来源：雅克 - 亨利·拉
蒂格摄影之友协会

级时装在世界范围内的发展所做出的贡献："在多次出访国外的过程中，您不断地将法国的优雅带向全世界。在对外文化输出上，您的贡献比肩雷吉·雷诺（Régie Renault）或是碧姬·芭铎……"

年底，伴随着皮埃尔·布莱兹（Pierre Boulez）《无主之槌》的节奏，富有远见的设计师帕科·拉巴纳（Paco Rabanne）推出了包含 12 款连衣裙的首个系列，他将自己的设计定义为"当代和不可穿"。巨大的成功和媒体的嘲讽一起扑面而来，尽管可可·香奈儿称其为"冶金学师"，女人们却仍然着迷于他原创作品中的铆接金属、醋酸纤维塑料和毛皮织物。

1965 年是卡纷职业生涯中的另一个转折点。这一年，她带着美丽的模特团队来到了东南亚的马来西亚、菲律宾和南亚的印度。印度航空邀请她为空姐们设计制服，科威特航空和中东航空也紧随其后。次

卡纷和她的"女儿们"乘坐法航波音飞机飞往曼谷，这是 1963 年远东巡回的第一站。
图片来源：法航收藏

米尔德丽德（Mildred）
穿着卷毛羔皮领的黑
白格子羊毛套装，雅
克 - 亨利·拉蒂格摄
于 1960 年冬。
图片来源：雅克 - 亨
利·拉蒂格摄影之友
协会

年，北欧航空和其他北欧公司也纷纷效仿。

1965 年，伊曼纽尔·温加罗（Emmanuel Ungaro）开设了他的时装屋。

1966 年，腰部成为时尚的焦点。裙摆止于膝盖以上十厘米处，下面是各种颜色或图案的连裤袜或者高筒袜。在接下来的几季里，时尚变得异常丰富多彩：巨大的印花、奇特的镶嵌、几何图案和大量的刺绣……相较于套裙，人们更喜欢穿连衣裙搭配薄大衣。鞋子成为装扮

1963 年春夏系列，所有的设计师都向"宇航员"风格靠拢……
图片来源：卡纷档案

的重点，尤其是彩色清漆或透明塑料的鞋子。头发或是极其卷曲，或
是凌乱不堪，夸张的妆容令人感到惊悚，眼部画上了烟熏妆，仿佛威
廉·克莱因（William Klein）导演的电影《波莉·玛古》中的女主角……

卡纷线条流畅的设计，突出和修饰了胸型。在干净利落、几乎没有
弧度的短大衣下，简洁小礼裙的衣领或卷起，或是小翻领和平铺圆领。
在这一季，为修饰胸型，人们不管早晚都穿着背心。

同年，卡纷痛失爱人。所幸她的员工和模特们像家人一样，陪伴在
她的身边，是工作让她挺了过来。继南非考察之后，她决定推出斑点
系列奢侈皮草：非洲豹、猎豹、金钱豹……很快便风靡巴黎。该系列首
秀由一只用绳子牵着的，脖子上佩戴着钻石项链的小豹猫开场……

塞尔日·勒帕热（Serge Lepage）新开了时装屋。

1965 年，卡纷先后为科威特航空公司和阿里亚航空公司空姐设计制服。

图片来源：卡纷档案

88 页：
精巧褶裥的紫色雪纺鸡
尾酒裙，搭配披肩。水
钻宝石照亮腰身。
卡纷夫人私人收藏。
摄影：多洛莱丝·马拉

89 页：
紫色雪纺褶裥紧身花园
派对裙，1960 年前后。
卡纷夫人私人收藏。
摄影：多洛莱丝·马拉

1967 年 1 月 27 日，
雅克 - 亨利·拉蒂
格摄于时装秀后台。
图片来源：雅克 - 亨
利·拉蒂格摄影之
友协会

　　1968 年 5 月风暴前夕，卡纷又在南美举办了大型巡回时装展。她的服装系列依次在阿根廷、巴西（她准备在那里开店）、秘鲁、厄瓜多尔、哥伦比亚和委内瑞拉展示。阿根廷航空公司也邀请卡纷来设计空姐制服和机长制服。

　　1969 年，卡纷为精品店推出了一系列女式衬衫、珠宝首饰和新奇小饰品，还为五至十二岁的小女孩及其母亲设计了母女装。领带的成功促使她考虑推出男装系列。随后，卡纷再次出发，前往澳大利亚和新喀里多尼亚进行考察。

　　"长款还是短款？""改良还是创新？"在"70 年代"的大变动中，

在卡纷和弗洛莱特专注而认真的目光下，西普里安（Cyprien）正在展示裁剪师做的最后一次修改，并被镜中雅克 - 亨利·拉蒂格的镜头捕捉到，1966 年 6 月。
图片来源：雅克 - 亨利·拉蒂格摄影之友协会

1967 年春，卡纷设计的"卡纷小姐"系列中的一条彩色条纹棉质简约小礼服裙搭配同色阔边遮阳帽。
摄影：詹姆斯·苏利耶（James Soulier）
图片来源：卡纷档案

所有的时尚杂志都提出了同样的问题。这场混乱的"罪魁祸首"，是流行；是怀特岛的伍德斯托克音乐节上"嬉皮士"的出现；是跳蚤市场祖母们的行李箱中翻出的旧衣服的复古品位；是"中性风格"；也是大获成功的成衣和对刚刚进入法国市场的"年轻设计师"的迷恋；也是放弃了日式花园，将其欢快的印花及组合面料带到法国的凯卓（Kenzo）；是让-夏尔·德卡斯泰尔巴雅克（Jean-Charles de Castelbajac）的幽默与诗意；是尚塔尔·托马斯（Chantal Thomass）精美的内衣和与反对穿内衣的女权主义者们斗争的魅力；也是因兼具独创性和反

左页：

低腰超短裙：这是 1968 年五月风暴前夕年轻女孩的新形象，来自"卡纷小姐"系列。
摄影：詹姆斯·苏利耶
图片来源：卡纷档案

94

传统特质而受到人们青睐的圣日尔曼德普雷的小店……让我们看一看 *L'Officiel de la Couture* 春季刊中对十名时装设计师的调研：在 742 款高定服装中，527 件为长款，215 件为短款（其中皮尔·卡丹是 250 件长款和 30 件短款；姬龙雪和尼娜·里奇分别是 48 件长款和 0 件短款、50 件长款和 0 件短款；圣罗兰是 25 件长款和 15 件短款，库雷热是 7 件长款和 27 件短款，温加罗是 20 件长款和 20 件短款）。相反，在成衣方面，421 款中则有 261 件短款和 160 件长款［其中巴杜是 30 件短款和 15 件长款；克里斯汀·迪奥是 32 件短款和 20 件长款；浪凡是 30 件短款和 8 件长款；特德·拉皮德斯（Ted Lapidus）是 22 件短款

左页：

别致的 Blackglama（美国著名黑貂品牌）貂皮晚装斗篷，套在同色系的经典绉纱罩衫上，1982—1983 年冬季。
图片来源：卡纷档案收藏

舞裙"疯马"上印有精美的白色和杏色细条纹。"卡纷小姐"系列，1970 年春夏。
图片来源：卡纷档案收藏

设计时间相隔 3 年的两套
服装：粉白方格布加白色
刺绣的"玩偶"裙，1973 年；
黑点薄纱芭蕾舞裙，下面
搭配同一风格的阔腿裤，
1976 年。
图片来源：卡纷档案收藏

和 8 件长款; 尼娜·里奇是 0 件短款和 45 件长款……]。不管是何种长度, 在当时全球仍有 3000 名顾客穿高定时装 (而到 20 世纪末却只剩下 200 位……)。

1970 年的一个晚上, 卡纷将自己的品牌带到了日本。在东京皇宫里, 所有的日本"贵族们"身着燕尾服和和服, 交口称赞这些专为和设计师一样娇小的亚洲人打造的服装系列。随后, 卡纷又去了达喀尔、黎巴嫩和利比亚。

几年来, 有位真诚又低调的男士一直默默关注着卡纷, 却从不敢表白。菲利普去世时, 他给卡纷写过一封信, 但卡纷却把这些让她痛不欲生的慰问信收在书桌深处, 未曾读过。一次"偶然"的机会, 他们在马提尼翁大街上相遇了。随后他们去了一家俄国餐馆吃晚饭, 餐厅里的一首小提琴曲让卡纷泪流满面。勒内·格罗格 (René Grog), 这位瑞士大收藏家, 用他坚实宽厚的肩膀安慰着她。卡纷确实感受到了继续独自经营这份事业的艰难……有这样一位善良而又细心的男士关心她, 爱护她, 也许是个不错的选择……而且他对精美家具和油画作品很有研究, 与他交谈也很愉快……况且他还很讨母亲德托马索夫人的喜爱, 知道去她家时要带上一束花……"他跟我母亲结成了联盟。作为一个目标明确的人, 他一点点地占领了阵地……"卡纷愉快地回忆道。1972 年, 勒内·格罗格心满意足地娶到了自己心爱的女人。

1971 年, 让 - 路易·雪莱 (Jean-Louis Scherrer) 的时装屋开始营业。

如今, 时装设计师们都开辟了副业, 设立了个人成衣和配饰品牌。有些甚至开始经营家具和布料。

蒂埃里·穆勒 (Thierry Mugler) 的第一个服装系列照亮了巴黎, 日本人三宅一生 (Issey Miyake) 则为法国时装带来了他的"另类"防皱真丝, 轻盈如羽毛, 还有软亚麻色和各种源于自然的单色。

为了庆祝 1974 年 3 月巴黎戴高乐机场启用, 法航请卡纷为空姐设计了制服。同一时间, 卡纷的时装在加蓬走红, 她的夏季系列将频繁

艳惊四座的尼罗河绿色针织低领晚礼服, 配以同款面料的法老式头巾, 1976 年春夏。
图片来源: 卡纷档案收藏

地在那里展示。

安妮-玛丽·贝雷塔（Anne-Marie Beretta）开了第一家精品店。

1976 年 4 月 9 日，在协和飞机从巴黎到加拉加斯的首航中，卡纷遇到了她的朋友，杰出的女飞行员杰奎琳·奥里奥尔（Jacqueline Auriol），并开始为她设计服装。两年后，杰奎琳作为法航技术顾问，祝贺卡纷在航空公司发起的设计师竞赛中胜出，该竞赛旨在将空乘人员服装现代化。尼娜·里奇设计冬装，格蕾夫人设计大衣和雨衣，卡纷则负责夏季套裙。套裙采用的红白或蓝白涤格尔斜方格棉，很有辨识度，空乘们可根据自己的发色选择。

1976 年末，让-保罗·高缇耶（Jean-Paul Gaultier），时装界的"顽童"、混搭王子，向几位目瞪口呆的记者展示了他的第一个服装系列，该系列采用了绦带编织帆布、法式风情印花面料和酒椰叶纤维。

1978 年 5 月 30 日，在时任法国文化部长让-菲利普·勒卡（Jean-Philippe Lecat）的见证下，时任法国大学部长的艾丽斯·索尼耶-赛蒂（Alice Saunier-Seité）夫人为卡纷颁发了法国艺术与文学勋章。"经文化部长认可，大学部长向您颁发荣誉勋章。"索尼耶-赛蒂夫人在颁奖仪式上说，并在卡纷的短上衣上别上了勋章，巧合的是其颜色刚好是绿白相间……"今天我们要致敬的是一位女设计师，也是一位有品位的女士。"部长接着说，"您的设计需要足够的胆量，需要对美、和谐、品质以及优雅有敏锐感觉，需要有不断探索的精神以及对色彩的高级审美，需要有非凡的活力、艺术才能和身体力行的能量，也需要有不被物质所左右的坚定。所有这些美好的品质、善良的性格，以及源源不断的好奇心一起，成就了卡纷……"

蓝色真丝雪纺双层晚礼服，用同样面料的大蝴蝶结装饰为其增色，1985—1986 年秋冬。
图片来源：卡纷档案收藏

左页：
绿色、古铜色和蜜色印花马海毛连衣裤，外搭米色比利牛斯羊毛大衣，1977—1978 年秋冬。
图片来源：卡纷档案收藏

1988 年 2 月的莫斯科，在零下 20°C 的环境下，模特们在红场展示卡纷时尚。不久后，卡纷夫人邀请俄罗斯设计师斯拉娃·扎伊采夫（Slava Zaitsev）首次赴法。
图片来源：邦雅曼·奥热（Benjamin Auger）*Paris-Match*

时光荏苒，卡纷不断推出新的服装系列，在陆续拿到各国营业执照的同时，继续她的长途征程，汲取新的灵感，开始新的创作。模特换了一拨又一拨，但她们离开时装屋往往是为了步入婚姻殿堂。她们每年还是至少要见一次卡纷。"我的女儿们"，她依然这样称呼已经成为大公司主管的模特们，并继续严格控制她们的三围和体重……

时尚在不断地更迭、演变，但卡纷依旧受到所有同行们的喜爱和敬佩。1992 年，她把公司的一部分股份转让给了她的朋友埃德蒙·德·罗斯柴尔德，他也是一位热衷于艺术的大收藏家。卡纷这位永远精力充沛的"三千伏特女士"，依然亲自在精品店接待自己最忠实的顾客！

在圆点广场，高定时装系列继续出现在每季的秀台上……

1995 年，巴黎时尚博物馆加列拉宫庆祝卡纷从业 50 周年，而卡纷的故事仍在继续……

一切皆有可能的卡纷，还会为我们带来什么样的惊喜？

时任文化部长弗朗索瓦·莱奥塔尔先生，卡纷夫人，日本工业部长渡边，以及卡纷日本分部总裁成迫龙一在日本举行的卡纷高级时装 40 年回顾展活动上，1987 年 6 月。
图片来源：尚塞·德维德斯特德（Chance de Widstedt）

右页：

1983—1984 年灵感源自东方的冬季晚装外套，搭配天鹅绒刺绣水钻的紧身衣。
图片来源：卡纷档案收藏

**让·巴特**

"20 世纪 50 年代，我还是一个害羞的西南部贝亚恩人！我的志向是设计帽子……那时我没有钱，但充满热情。我有一辆白色的小自行车，骑着它在首都到处跑，还有几个朋友。我的勇气帮助我实现了梦想，在全巴黎的优雅女士们面前展示了首个系列。L'Officiel de la Couture 的总监卡斯塔尼耶（Castanié）女士为我邀请来了卡纷夫人，她坐在第一排。我立刻就明白，她是一个特别的存在，这位年轻快乐的女士全身心地热爱自己所从事的职业。以她的成就，本应让我感到局促不安，但她平易近人的沟通方式，让我立刻放松了下来。我们开始合作，我为她充满活力的连衣裙创作了一些花环式小装饰，还有新颖的欧根纱遮阳女软帽……她在时尚方面的天赋和精准的表达让我心荡神驰！"

**巴黎时尚博物馆馆长**
**卡特琳·茹安 - 迪耶泰勒**（Catherine Join-Diéterle）

"卡纷夫人拥有伟大且慷慨的灵魂，巴黎时尚博物馆有幸从她那里获益良多。自 1985 年起，卡纷夫人便通过服装史协会定期向加列拉宫捐献她所设计的服装。她忠实的顾客和卡纷本人收藏并捐赠的所有服装藏品，让我们今天有幸欣赏到这位伟大设计师的高质量的作品。 即使卡纷夫人的初心是为年轻女孩和身材娇小的女性设计服装，也请不要以此定义她的所有创作。自 1945 年香榭丽舍大街圆点广场的时装屋开业以来，博物馆有幸保存了卡纷夫人整个职业生涯中设计的服装。晚礼服和婚纱是其中的精华作品。我们不仅可以欣赏到剪裁精美的露肩胸衣公主裙，也可以品味绿粉交错的褶裥连衣裙，既可以看到奢华的无袖紫色罗缎大衣，也能看到有着貂皮领口袖口的朴素婚纱……
本书中呈现的摄影，比起在博物馆储藏室中避光保存的实物们，更能让人们永久地记住这些精美的艺术品。"

为了让这件绣花黑丝和雪纺为材质的鸡尾酒礼服更加迷人，让·巴特设计出了这款薄纱滚边遮阳软帽，内侧绣有黑色马鬃的羽毛图案。
摄影：西伯格
图片来源：法国国家图书馆

**右页：**

午夜蓝色缎面长款晚礼服，两侧饰有同色缎面大花结，内衬粉红色缎面，亮片刺绣及蓝色和粉色水钻装饰，1990 年。卡纷夫人私人收藏。
摄影：多洛莱丝·马拉

*CÉRÉMONIES*

# III

# 婚纱礼服

数米长的华丽薄纱和绸缎，数小时娴熟工艺完成的刺绣，高级定制的魔棒将害羞的少女变成了光彩照人的仙女，这是"她生命中最美的一天"。

看似亘古不变的传统白色长裙是新娘纯洁的标志。其实这个传统并不是一直存在的，关于其起源常常众说纷纭。在古罗马的壁画和镶嵌画中，婚礼当天新娘穿白色长衣，外罩一件红色大衣，面戴橙色面纱，头戴桃金娘色或橙花蕾色花冠。由于担心被异教仪式同化，这一习俗在基督教时代已遭抛弃。

几十年来，人们一直认为白色不适合衬托肤色。直到 1804 年 12 月 1 日，拿破仑加冕的前夜，也是他与约瑟芬·德博阿尔内（Joséphine de Beauharnais）举行宗教婚礼的日子，这位优雅而有风情的克里奥尔女人居然将这种颜色变成了婚纱的流行色……

此前，人们一般按照自己所在地区的习俗准备婚礼服饰。在中世纪，尤其是在普罗旺斯流行绿呢绒连衣裙，因为这个颜色不仅代表对未来的憧憬，还是未出嫁少女独立的标志……富裕家庭的新娘穿着她最美丽的印度式婚裙或丝绸长裙，戴上她最美丽的头饰。在其他省份，礼服可以是红色或蓝色的，上面再套一件有色或白色的罩衫。被称作"妇女围裙"的已婚妇女的衣服，毫无疑问是黑色的，因为她们要做家

左页：

象牙色丝缎欧根纱长婚纱，金线和镂空刺绣，配以同色系花环。卡纷夫人私人收藏，1970 年前后。
摄影：多洛莱丝·马拉

上图：

绢花花环细节。
摄影：多洛莱丝·马拉

**科隆纳 - 瓦莱夫斯卡夫人**
(Madame Colonna-Walewska)

"我第一次穿上卡纷设计的长裙，是在南方圣拉斐尔的选美大会上，当时我才 16 岁！我一直欣赏她的设计，尤其喜欢她专为我定制的那件。那次我穿着粉色薄纱镂空花边裙，觐见了英国女王。1957 年，我的婚纱是用白色蕾丝花边的珠罗纱制作而成。"

1957 年 7 月 4 日，弗洛朗丝·科隆纳 - 瓦莱夫斯卡（Florence Colonna-Walewska）与迪迪埃·里昂（Didier Riant）的婚礼当日，摄于位于奥尔良河畔的传奇宅邸。
图片来源：弗洛朗丝·科隆纳
瓦莱夫斯卡夫人收藏

务……在萨尔特省，勤劳的村妇最好的裙子也是黑色的，除了婚礼，这条裙子还会在其他重要仪式上被"多次使用"。婚礼当天，她们会用白色鲜花做成胸花用以装饰，并佩戴用鲜花和蕾丝花边做成的花冠。

19 世纪初，法国大革命的风暴一过，上流社会就恢复了往昔的世俗生活：晚会、舞会和大型婚礼，使人们对服饰又有了新的要求。20 多年以来，舞会礼服正如婚纱一样，再次受到古典服饰的启发，尽管

**亚历山大（Alexandre），美发师**

"卡纷夫人就像一束火焰！我是在 1948 至 1950 年间认识她的，当时她正在成为和夏帕瑞丽夫人、香奈儿小姐和格蕾夫人一样的战后设计师的代表之一，重振法式优雅。她专注于小个子女性的服装设计，凭借浑然天成的优雅和心灵手巧，把她们打扮得美丽动人。她给巴黎带来了荣耀，如今仍是一颗璀璨的明星。除了她的才华，卡纷也是一位伟大的艺术赞助人，她和丈夫勒内·格罗格一起为法国留下了美妙的收藏。

"有一次，她请我为电影新秀妮科尔·库塞尔设计造型。我就是这样结识了卡纷夫人……

"之后，我开始为卡纷的模特们设计发型。她帮助我慢慢起步，接触到时装界并取得了事业上的成功。我当时有点'古怪'，因为喜欢短发或是茜茜公主式的大发髻。多亏了卡纷夫人，所有的设计师都来找我！我为法比安娜设计了许多发型，大家都很喜欢！那段时光留下的美好回忆，我们永远都不会忘记，卡纷永远在我心中。"

妮科尔·库塞尔穿着刺绣蕾丝雪纺晚礼服，摄于卡纷时装屋。亚历山大为她设计了英式发髻，1950 年。
图片来源：卡纷档案收藏
摄影：费尔泽（Felser）

**雷耶男爵夫人**（Baronne Reille）

"卡纷与其他服装设计师的不同之处在于，她本人总是出现在现场，帮助你展现出自己最好的一面，她会建议你穿什么衣服更合适。她会说：'来试试这件！'

"1965 年，我在布卢瓦城堡的婚礼上，卡纷为我设计了一件特别的婚纱，她不想做成白色的，因为银灰色与城堡的灰色石头更相配。银灰色的锦缎婚纱，肩头挂着一条 20 米长的可拆卸拖裙。婚礼后，我还会把它用作长披肩。

"所以说，卡纷夫人的设计不仅好看且有很强的实用性！我的婚礼捧花没有用经典的鲜花，卡纷为我制作了一束与婚纱相配的银色玫瑰……正如 1964 年我的白色蕾丝礼服一样令人难忘。当时，我和雅克·沙佐（Jacques Chazot）一起为巴黎名媛舞会开场。

"卡纷？她就是我的整个童年，我的整个青春，是我无条件信任的人……"

光彩夺目的伊纳丝·德洛巴雷德（Inès de Laubarède），在卡纷时装屋最后一次试穿婚纱。
埃马纽埃尔·雷耶（Emmanuel Reille）男爵夫人收藏。
图片来源：罗什福尔（Rochefort）

**右页：**
卡纷公寓里的橱窗陈列着她收藏的传奇瓷鸟系列，中央展示着一件蕾丝婚纱长裙，于 20 世纪 50 年代设计制作。
卡纷夫人私人收藏。
摄影：多洛莱丝·马拉

颜色变成了奶白或象牙色。舞会礼服大多采用薄纱面料、蕾丝花边或是塔夫绸，方形领口、宽袖笼，拖裙的长短则因女子当时所处的地位而定。

1820 到 1845 年流行紧身胸衣，腰身缩小，裙身变圆。由于浪漫主义热潮的兴起，人们穿起了中世纪挂毯上"爱上富家女"年代的裙子，袖子不是"灯笼"或"贝蕾"式就是泡泡袖。

1858 年，欧珍妮皇后的时装设计师"时尚暴君"——英国人查尔斯-弗雷德里克·沃斯（Charles-Frédéric Worth）来到了巴黎。人

们开始渴望有衬架支撑的女裙，而婚纱则像晚宴裙一样，裙摆变得宽大，并带有层叠皱褶。至于上身部分，在宗教仪式上最好穿保守的带宽袖口和垂尾袖子的束腰型裙子，参加宴席时再换成大领口的刺绣上衣。"

同年，时装品牌和百货公司都在趁机着手新的婚纱设计。他们为准新娘们设计了一款全白的婚纱，配有蓝色束腰……这股纯白色的热潮，源自圣母玛丽亚在法国南方卢尔德的马萨比耶勒岩洞向伯尔纳德·苏比鲁（Bernadette Soubirous）显灵的故事。这股潮流席卷全国，甚至影响了最偏远的乡村。皇后秘密地在卢尔德得到了一瓶神迹水，一

**巴黎伯爵夫人**（Comtesse de Paris）

"卡纷夫人曾为我的女儿安妮（Anne）和戴安娜 (Diane) 公主设计婚纱，后来她们分别成为波旁 - 西西里公主和符腾堡公爵夫人。卡纷夫人设计的礼服采用高品质面料，轻盈、清新并且完成度极高。女儿们的纤细腰肢和轮廓在卡纷夫人无可挑剔的剪裁下，更加突出了。我对她一直非常钦佩。"

图片来源：巴黎伯爵夫人私人收藏

**贝尔纳·圣玛丽夫人**
（Madame Bernard Sainte-Marie）
（莫德·瓦勒雷 Maud Vallerey）

"您说卡纷吗？她就是我的青春！我喜欢她简单纯粹的时尚。她给我设计的裙子就像是我身体的一部分……对这条白色连衣裙，我情有独钟。阿莱霍·维达尔－夸德拉斯（Alejo Vidal-Quadras）给我画像时，我穿的就是这件。"

巴黎美人莫德·瓦勒雷穿着卡纷设计的晚礼服坐在阿莱霍·维达尔－夸德拉斯为她创作的肖像画前。
图片来源：圣玛丽夫人收藏
摄影：安德里厄（Andrieux）

夜之间治好了皇子的猩红热，于是拿破仑三世允许马萨比耶勒岩洞重新开放。该岩洞此前两年曾禁止对外开放，违者罚款……正是在这一时期，出现了给新生儿穿蓝白色衣服的习俗。

随着缝纫机的普及，婚纱如日间装和晚宴装一样，变得更容易制作，价格也越来越便宜。这也催生了专属精英阶层的临街"裁缝"店的蓬勃发展。卡洛（Callot）四姐妹制作蕾丝和内衣；珍妮·浪凡放弃

**茜尔维·热纳瓦夫人（Sylvie Genevoix）**

"多亏了卡纷夫人，巴黎名媛舞会承载了我最美好的回忆。那时的我年轻又腼腆，没有任何社会经验。这件长裙是我的第一件晚礼服。卡纷是按照她认识和喜欢的年轻女孩的形象设计的，既浪漫纯洁又清新淡雅。她设计的裙子只到脚踝而非惯用的长度，用同色系刺绣蝉翼纱制成，边缘饰以蕾丝小尖齿。抹胸裙的最上面有很小的圆纽扣，花冠裙摆由三个大的刺绣荷叶边组成。我戴着妈妈借给我的三排珍珠项链和白色长手套。正是这一次，在卡纷的善意引荐下，我发现了高级时装的世界。在试衣厅里，我惊喜地看到裙子在设计师冷静的目光和精确的指导下慢慢成形。也是在这个时候，我有幸参加了圆点广场美丽的沙龙里举办的卡纷时装秀。对我这样未经世事的年轻女孩，卡纷总是充满了善意，并给予足够的耐心和关注以及明确合理的建议。她是我的时尚启蒙老师，我非常感谢她。"

卡纷、莫里斯·热纳瓦先生（Maurice Genevoix）和他的女儿茜尔维，为巴黎名媛舞会做最后的准备。
图片来源：茜尔维·热纳瓦收藏

了制帽业转向时装；珍妮·帕坎（Jeanne Paquin）开设了自己的沙龙；而精致的雅克·杜塞（Jacques Doucet）则把从父亲那里继承的房子变成了高品位殿堂。沃斯想出了绝妙的主意，聘请一些"化身"（真人模特）为王室女眷们展示服装，以取代传统的用柳条制作的假模特展示。此后，设计师们便开始聘用年轻美貌的真人模特。象牙色的婚纱比白色的婚纱更加受欢迎，头纱变成了重要的配饰，用布鲁塞尔、威尼斯或英国的高级蕾丝制成的头纱覆盖整个头部，头纱被严格地代代

**左页：**

为某位小姐制作的婚纱，背部为瑞士圣加仑刺绣。
图片来源：法国摄影工作室和热拉尔·德洛姆（Gérard Delorme）

露西·莱热（Lucy Léger）在阿尔弗雷德·亚当（Alfred Adam）导演的《卡洛琳的出走》中穿着由卡纷设计的婚纱，1947 年 12 月。
摄影：贝尔南

相传。有时，设计师甚至会从这件"传家宝"中获得灵感，去构思婚纱的设计。

腰垫代替了衬架，宽幅裙摆加上褶裥，紧口胸衣和胸前的围裙令婚纱显得更加朴素。

20 世纪初，现代风格兴起，随后保罗·波烈带着他的"柔和线条"出现在时尚界，优雅的新娘们开始渴望轻盈饱满的督政府风格高腰长裙。花朵图案和缎带装饰随处可见，还有金银线刺绣、编织薄纱，以

**瓦莱里·吉斯卡尔·德斯坦夫人**
（Valéry Giscard d`Estaing）

"1952 年我结婚时，特别喜爱拉斐特夫人（Madame de La Fayette）的小说《克莱芙王妃》。所以我请卡纷夫人为我设计了一件 16 世纪风格的婚纱……"
瓦莱里·吉斯卡尔·德斯坦夫人收藏
摄影：洛尔·阿尔班-居约（Laure Albin-Guyot）

116 页：

短款婚纱，白色薄纱覆盖织锦缎面。V 形领口与袖口均绣有珍珠和水钻，1991 年。
卡纷夫人私人收藏。
摄影：多洛莱丝·马拉

117 页：

缎面织锦真丝长款婚纱，搭配巴斯克上衣，翻袖口和上衣圆领镶有珍珠和亮片，1990 年冬。
卡纷夫人私人收藏
摄影：多洛莱丝·马拉

及精心制作的绸缎……

　　俄国芭蕾舞的成功为时装界带来了前所未有的丰富色彩，婚纱设计里也开始流露出对东方式的朦胧与柔和的追求。从 1911 年［那年波烈的妹妹妮可·格鲁特（Nicole Groult）开设了时装屋］到第一次世界大战爆发，苏丹风格、敞口下摆和紧身短拖裙大行其道。1912 年，"斜裁女王"玛德琳·薇欧奈（Madeleine Vionet）的时装屋开业时，竟然把客厅的天花板拆掉了，以便把一台专门定制的巨型绉纱机器放进

皮埃尔特身着"罗马的圣皮埃尔",白色欧根纱婚纱,配有珍珠和水钻刺绣几何图案,1949 年春。
图片来源:卡纷档案

来……她的婚纱既简单又精巧,采用乳白色面料剪裁,是时装史上的一座里程碑。

战后,无论是在街上还是在教堂广场上,裙子变短了,筒裙开始露出苗头。"护士帽"式短头纱用橙花花冠低低地挡在眉上。从 20 世纪 20 年代开始,婚纱前部裙摆再次缩短,但为了保持仪式的庄重,拖裙加长了，也有人用长长的"宫廷大衣"罩在婚纱外面。

　　时尚是一场永恒的轮回。20 世纪 30 年代，路易十五时代的框架裙和花叶刺绣再次兴起。设计师们开始再度强调腰线，并通过使用绸缎和绉纱加长裙子、加大宽幅。直到"二战"前，裙摆恢复到了原来的长度，婚纱的奢华程度也达到了极致。秀场上压轴出场的婚纱，引起了漂亮女士们的阵阵掌声……

　　在黑暗的年代里，设计师们只能根据当时的规定设计服装。那时的婚礼常常很简单，婚纱也只能用橱柜里找到的衣服随便应付一下。

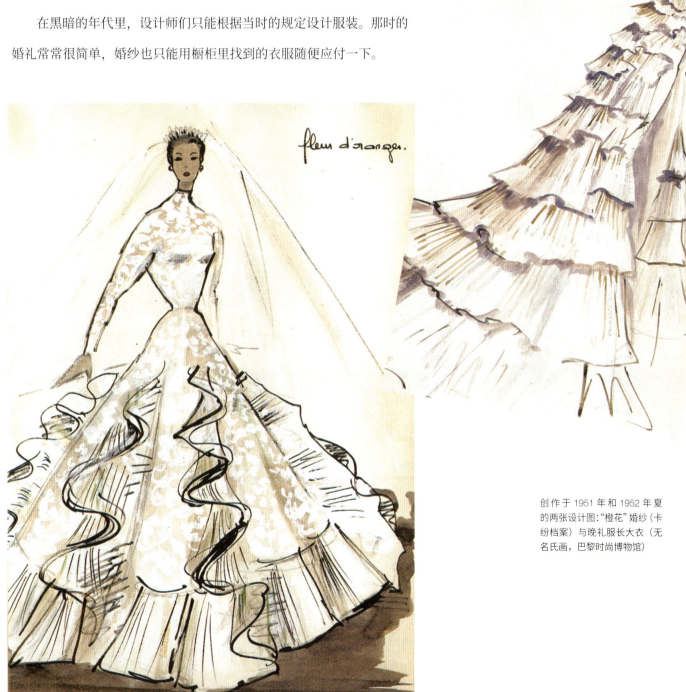

创作于 1951 年和 1952 年夏的两张设计图："橙花"婚纱（卡纷档案）与晚礼服长大衣（无名氏画，巴黎时尚博物馆）

119

此页及右页：

1987 至 1988 年加列拉宫
秋冬服装秀终场：新娘与
小伴娘们。
摄影：克洛维斯（Clovis）

战后，当面料重新大量出现时，粗横棱纹布料、白色或银色绸缎、真丝罗缎永远不够用……人们绣制闪闪发光的图案，用珠子装饰胸衣，玩转透明效果。新娘终于可以再一次骄傲地穿上独一无二、华丽无比的婚纱。

在香街圆点广场工作室里，和其他工作室一样，女学徒们总是心怀憧憬。即便未婚妻不再有仲夏之夜和未婚夫一起跳过火堆的习俗，也总会有一些小小的迷信。长裙的卷边处需要几个人同时缝制，每位学徒都会在里面藏一根自己的头发。当准新娘试裙时，第一根被踩到的头发的主人，当年便会结婚……受到英国人的影响，婚礼当天新娘要同时穿"新的、旧的、借来的和蓝色的东西……"这就需要家族中有人借出一颗古老的珍珠，再把它悄悄地缝在内衬的蓝色缎带里，从抽屉里取出用旧的细亚麻布手帕，然后在衣袖里藏一件刚买来的小饰品。

卡纷选择为年轻女孩设计服装。每次为服装系列开场的各式婚纱都大获好评，在怀有婚姻憧憬的年轻姑娘中建立了忠诚度。款式方面，她的灵感来自童年读过的童话故事，来自宫廷礼服，也来自卢浮宫大师们的画作或某次旅行。卡纷既不吝惜布料，也不限制她充满创造性的想象力，她知道如何根据顾客的气质和愿望，设计出最能让她闪耀的那件礼服。因此，就像夏尔·佩罗（Charles Perrault）的童话故事那样，无论是婚纱还是第一次舞会的礼服，年轻的女孩可以从"时间的颜色""月亮的颜色"或是"太阳的颜色"中随意挑选一件无与伦比

的衣服 ……

卡纷说："选择婚纱时，细节往往是最重要的。首先，我会咨询结婚现场和婚礼的场地情况。是乡村风格吗？婚礼是在家庭农场还是在城堡或是私人公馆举行？装饰风格是怎样的？教堂的风格当然也很重要，在荣军院和家乡的小教堂举办婚礼，穿的婚纱风格可不一样！

"季节在其中也起着重要作用。如果想要保守的领口，那么夏天则可以选择短袖婚纱。这个季节可以大量使用蕾丝、薄纱或蝉翼纱，而貂皮和锦缎则是留给冬天的。我设计的婚纱总是独具一格，它们不总是白色的，我会加入一些绿色，比如搭配绿色腰带；如果是花园婚礼，则使用绿色花朵刺绣。但我也设计过浅粉色婚纱，上面缀有白色小羽毛，这在当时看来是很大胆的！

"虽然每次我的时装秀都会展出十件婚纱，但每件婚纱都是独一无二的，因为每一件都是为穿的人特别设计的。她的眼睛、头发、皮肤的颜色和发型都会被考虑在内。有时，年轻姑娘会选择一些在我看来与她自身气质相反的东西。如果她很固执，我就找个借口不给她做了。比如说，面料不够了！

"我总会想办法进入她的世界，找到和准新娘性格相和谐的婚纱风格。我喜欢她信任我，我要让她更加光彩夺目，她的婚纱一定是她一生中最美的礼服！在我看来很重要的一点是，先聊一聊她的品位、日常的穿衣风格、她的教育背景或者她所从事的工作。

"对我而言，为每位客户设计婚纱是一种享受。每一次，我都会深思熟虑，仿佛要对她的幸福负责……大多数情况下，我的年轻客人都会邀请我去参加她们的婚礼。当她们穿着婚纱受到祝福时，我也从赞美声中收获满满的幸福，仿佛那天结婚的人是我一样！"

1986—1987 年秋冬婚纱系列。
图片来源：让 - 路易 · 库隆贝尔
（Jean-Louis Coulombel）

右页：
卡纷的新娘，由雅克 - 亨利 · 拉蒂格绘制于 1947 年。
图片来源：弗洛莱特 · 拉蒂格私人收藏

*LE MONDE DU SPECTACLE*

# IV

# 舞台服饰

"我特别喜欢电影、话剧、芭蕾……我可以从一家电影院走出来，穿过马路，再走进另一家电影院。"卡纷说，"我天生好奇心很强，只要是值得看的演出，我都喜欢。由于常常去看表演，我发现这些美丽的女演员大多比她们在舞台上看起来要娇小得多，这让我萌生了为她们设计服装的想法。但好莱坞式的女人也不是我的风格！我从来没想过为葛丽泰·嘉宝或是法国的玛丽·贝尔（Marie Bell）那样的悲剧怪人设计裙子。我曾经为《我的华沙表妹》的爱尔薇儿·珀派斯科（Elvire Popesco）设计过衣服，但那是因为她想让自己在剧中扮演的角色显得更年轻。后来又为英格丽·褒曼（Ingrid Bergman）设计过衣服，因为她需要根据搭档的身高缩小身形……通常，来找我的女演员都是跟我一样的风格，巴黎小个子女人，清新、活泼、自在。

"1946 年，我前往巴西展示新系列，开启了一年一度的世界旅行。回国后，我的脑海里有好多想法。第二年的夏季系列里就出现了桑巴舞裙。薇拉·克鲁佐（Vera Clouzot）和丈夫住在伯克利酒店，和我的时装屋仅一街之隔，她很自豪地看到新系列的灵感来自她的祖国，于是赶到这里，订购了著名的'桑巴舞裙'。这款裙子之后一共卖出 300 多条。当亨利-乔治·克鲁佐在 1948 年导演《情妇玛侬》和 1953 年导演《恐惧的代价》时，他邀请我为这两部电影设计服装。《情妇玛侬》

卡纷为出演话剧《出生婴儿》的
加比·莫尔莱（Gaby Morlay）穿
着的薄纱和黑色天鹅绒连衣裙做
最后的调整，1952 年。
摄影：西伯格
图片来源：法国国家图书馆

**左页：**

让-德尼·马尔克莱斯为阿尔弗雷德·亚当
的《卡洛琳的出走》绘制的图画。
服装：卡纷，布景：让-德尼·马尔克莱斯
1945 年 12 月。
卡纷夫人私人收藏。

爱尔薇儿·珀派斯科和雅克利娜·帕尼奥尔（Jacqueline Pagnol）在 1955 年 12 月由路易·韦纳伊（Louis Verneuil）搬上巴黎舞台的《我的华沙表妹》中，身着卡纷设计的服装。
摄影：贝尔南

薇拉·克鲁佐在亨利-乔治·克鲁佐导演的《恐惧的代价》中，身着卡纷设计的服装，1953 年。
摄影：萨姆·莱万（Sam Lévin）

的部分镜头是在我的时装屋里拍摄的，拍摄必须在夜间进行，才能不影响白天沙龙的正常活动。那时候人来人往，好不热闹！

"我一直和合作的编剧与导演们相处得很好，因为他们一看便知我对表演艺术的热情。在为一部电影或者戏剧设计服装前，我总是非常认真地阅读剧本，带入角色，就像自己要去演一样！我把导演对演员的动作指导记下来，因为必须根据演员的动作来调整服装。那时候，我们比现在更吹毛求疵。也许这正是电影里穿着讲究的美貌女人总会给人留下难忘的印象的原因……

"表演服和日常服装的制作和工艺完全不同，因此，在排练时从大厅视角检查试装十分重要，因为只有这样才能将裙子的长短和领口的深浅调整至最佳。为方便起见，我会挑选一位和女演员身材一致的模特，并在她身上开始试衣环节。

"同时，还需要对面料进行细致的研究。在剧院，真丝粗横棱纹由于面料挺括，用来做裙子最合适。在著名的《蝴蝶梦》里，当莉丝·托帕尔（Lise Topart）庄严地站在大台阶上时，穿着的正是这种面料。然而，在电影《恐惧的代价》中，我需要采用柔软、轻盈，近乎透明的面料，这样薇拉·克鲁佐的裙子才能被扯烂……

"我最喜欢的明星之一是卢德米拉·契琳娜（Ludmila Tcherina），

卢德米拉·契琳娜与丈夫埃德
蒙·奥德朗在舞台上。
图片来源：利莫利摄影工作室

我同时认识了她和她的先生埃德蒙·奥德朗（Edmond Audran）。他
们是一对非常出色的舞者，我很高兴能为他们设计大部分的芭蕾舞服。

"当我为卢德米拉或雅妮娜·沙拉（Janine Charrat）制作芭蕾舞
裙和服装时，记忆中的音乐知识引导着我，仿佛脑海里有一个节拍器，
我记录着腿部的动作，数着跳步，估算着有助于舞者跳动，同时又能
衬托他们曼妙舞姿的面料重量……在雅妮娜·沙拉的芭蕾舞剧中，我
与布景师让-德尼·马尔克莱斯的合作也是一段美好的回忆。在他创造
出的拿破仑三世的氛围中，我设计了带有水钻花瓣的绿色薄纱芭蕾舞
裙，以及淡紫色和绿色明暗相交的中式丝绸连衣裙。

莫妮·达尔梅斯（Mony Dalmès）在法兰西喜剧院的卢森堡剧院中巡演的西蒙娜夫人（Madame Simone）的《日出》中，穿着卡纷设计的女式骑马服，1946年。
图片来源：贝尔南

索菲·杜米埃扎着马尾辫，穿着卡纷设计的长裙，连续七年在圣乔治剧院演出马塞尔·阿沙尔（Marcel Achard）的剧目《笨蛋》，并获得巨大成功，1957年。
图片来源：贝尔南

**右页：**
美丽的法比安娜穿着由卡纷设计的"乱世佳人"风格的礼服，庆祝电影上映。
图片来源：卡纷收藏

"在黑白电影的年代，人们总说不应该穿黑色的衣服，因为在银幕上显示不出来。但其实只要调整光照方式便可解决这个问题。人们还说白色会太凸显了，这也不对，秘诀在于要用略带别种颜色的白色。但最能给人以反差感的还是美丽的红色和绿色。

"我在舞台服饰设计方面取得成功的一个原因可能也是因为我总是在排演现场，这对从事这一行的人来说简直太难得了。不管是我还是工坊的女工们，只要有需求，我们可以通宵达旦地工作，而且还乐此不疲！朱丽叶·阿沙尔（Juliette Achard）有次因为急需《笨蛋》里索菲·杜米埃（Sophie Daumier）的服装给我打电话，因为她在别家订制的服装和剧情要求完全相反……为了拯救这台戏，我们没日没夜地工作……

"设计古典服装也让我着迷！当我们终于能在法国看到《乱世佳人》这部在战争期间被禁的电影时，我仔细观察了瓦尔特·普兰凯（Walter Plunkett）为费雯·丽（Vivien Leigh）制作的服装，创作的念头油然而生。我为我的模特们设计了复古长裙，让她们在法国各地举办的电

玛蒂妮·卡洛（Martine Carol）从大溪地回来时精神焕发，她光着脚，身着卡纷设计的套装，1961 年。
图片来源：Keystone

1949 年 2 月在巴黎作品剧场上演的阿道斯·赫胥黎（Aldous Huxley）的《蒙娜丽莎的微笑》中，被雷蒙·鲁洛（Raymond Rouleau）迷住的达妮埃尔·德洛姆穿着卡纷设计的"百花"长裙。
图片来源：Roger-Viollet

影展映活动上展示……结果大获成功！

"巴黎所有服装设计师都和萨沙·吉特里相处得很好。1954 年 7 月，为了完成电影《拿破仑》在香榭丽舍大街的最后镜头，萨沙无力支付香街上成群结队的群众演员的服装费，于是他请求我们每人为电影赞助一件衣服……其中包括杰奎斯·菲斯、克里斯汀·迪奥、浪凡、让·德塞斯等人。我们争相发挥想象力，设计出一件件华丽的服装。拍摄当天，我们比较并评价了彼此的设计。我的作品当然名列前茅，在香街嘛，那里可是我的大本营！

"和我的风格最匹配的理想女性是西蒙妮·西蒙（Simone Simon）和埃利娜·拉布尔代特（Élina Labourdette）。她们无论是在舞台上还是在生活中，都有一种自然的优雅。还有一些年轻可爱的女孩，比如莉丝·布尔丹，她在进入电影圈之前是卡纷的模特，妮科尔·库塞尔、吉塞尔·帕斯卡（Giselle Pascal）、达妮埃尔·德洛姆（Danièle Delorme）、奥黛特·茹瓦耶（Odette Joyeux）、米歇尔·摩根（Michèle Morgan）都是新秀，达妮·罗宾（Dany Robin）和后

来成为罗斯柴尔德男爵夫人的纳迪娜·塔利耶（Nadine Tallier），还有我几乎从"少女"时期就认识的塞西尔·奥布里（Cécile Aubry）、碧姬·芭铎、布丽吉特·佛西（Brigitte Fossey）等。玛蒂妮·卡洛是一位真正的金发女郎，肤色清新、非常自然，有着与生俱来的魅力，让人无法不爱她！导演克里斯蒂安·雅克正在为电影《卡洛琳》寻找女主角，玛蒂妮十分渴望出演这个角色。于是她找到了我，因为约了素未谋面的导演见面，她却没有拿得出手的衣服，所以我借给她一身连衣裙，她的身材娇小可爱，穿什么都好看！……后来的事情我们都知道，她得到了这个角色。像童话故事一样，克里斯蒂安爱上了她，他们结婚了。我当时就看出她的明星潜质，她很热爱自己的工作。由于我对电影很了解，我们常常一起讨论电影艺术。我们一直都是朋友，我负责她整个职业生涯的服装设计。她就住在香街的圆点广场，穿过马路就到了，我就是她的衣橱！后来，帕斯卡莱·珀蒂（Pascale Petit）、斯特凡纳·奥德朗（Stéphane Audran）、玛丽-若泽·纳特（Marie-José Nat）也常常光顾卡纷时装屋。

"音乐世界又是一个新发现。在舞台上，在音乐厅，演出服一定要闪亮，要在舞台上焕发光芒！有些女歌手会在舞台上移动，有些则站着不动，这都取决于歌曲的风格。演出服的设计需要考虑这些因素，而非为了设计而设计。尤其是女歌手们往往会做出大幅度动作，所以衣服不能太束缚，而应让她们可以自由地舞动，但腋下部分也不能太宽大，那样真的不好看！

"艺术家是脆弱的，他们比别人更需要自信、舒适，也更需要安全感。而作为服装设计师，我们不仅负责舞台服装的设计，还要扮演心理辅导的角色。设计演出服是一门需要虚心学习的学问，先有文字，再有演员、布景，最后才是服装。当服装和角色、演员完美匹配时，我们并不一定会注意到它；而一旦选择是错的，就会立刻变得突兀，连演员讲什么话都听不进去了！"

米歇尔·摩根在一次选美比赛上穿着卡纷设计的精致的"塞西莉亚"夏季长裙，1951 年。图片和手稿来源：卡纷收藏

电影《巴黎小姐》海报：背景是雅克琳·弗朗索瓦的画像，她穿着卡纷制作的垂褶晚礼服裙。
图片来源：克里斯托夫·L.（Christophe L.）收藏

1958 年，雅克琳·弗朗索瓦在纽约，她露出巴黎式笑容，穿着由卡纷设计的巴黎式的裙子，这条裙子丝质薄纱，上面绘有花朵图案，颜色从宝蓝色渐变为浅蓝。这张照片被用作美国制作的唱片的封面。
摄影：阿尔·赖夫（Hal Reiff）
图片来源：雅克琳·弗朗索瓦
私人收藏

右页：
1956 年，雅克琳·弗朗索瓦在《巴黎小姐》中穿着的晚宴小礼服的细节：蓝绿色云纹透明欧根纱，罩在黑色罗缎外。
摄影：多洛莱丝·马拉

# 雅克琳·弗朗索瓦（Jacqueline François）

哼唱着乡间小曲，

她梦想爱的誓言，

漫不经心地哭泣，

巴黎小姐；

流着悲伤的泪水，

去找卡纷做裙子，

沿着玛德莱娜漫步……

巴黎小姐……

光彩照人的雅克琳·弗朗索瓦穿着她最喜欢的设计师缝制的裙装

宝蓝色缎面紧身裙，绣有珍珠串坠，由卡纷专门为雅克琳·弗朗索瓦参加里约热内卢科帕卡瓦纳剧院的独唱会而定制，1956 年。
图片来源：雅克琳·弗朗索瓦收藏

在 20 世纪 50 年代初的时尚场所唱道。她的音乐在很多国家发行量都达到"百万销量"，她希望在舞台上穿着的衣服能展现出她的风采，突显她"纯正"巴黎人的身份。她来到卡纷时装屋的瞬间，立刻就感觉到了和设计师的默契。"我一直喜欢时尚。"被莫里斯·切瓦力亚（Maurice Chevalier）誉为"一代金嗓子"的女歌手说，"当我还是个小女孩的时候，我曾经看过 Marie-Claire 杂志，从那时起就梦想穿漂亮衣服。像很多朋友一样，我需要自己挣零花钱，虽然没有经过专业的培训，但我曾萌生过当模特的想法。父母知道我想唱歌时吓坏了，但我决心已定，因为我知道自己有天赋……我先是去了卡纷时装屋，卡纷夫人亲自接待了我，令我十分惊喜。她是那么善良而平易近人，我对自己说：'我不知道自己的未来会怎样，但如果有一天我有能力穿得起高级时装，这一定是我会来的地方！'当然，我没有被选中去走秀。但在 1950 年，我又以客户的身份回到香街的圆点广场……卡纷先是为我的演出设计了独一无二的礼服，让我在舞台上大放异彩。她选用了我最喜欢的蓝色，间或加一点她的绿色……非常适合我！她的工作室里有一位非凡的裁缝，叫西普里安。

"他能制作出超棒的裤子和我喜欢的运动西服外套！随着我事业上的成功，我的日常服装也开始请卡纷设计。'台上台下都是卡纷！'甚至包括'内衣'，卡纷是第一个让我接受紧身束腰的人！"

## 塞西尔·奥布里（Cécile Aubry）

20 岁时，她已经技压群芳。她是舞蹈学校的优等生，有望成为明日之星；也是经验丰富的女骑手，甚至可以考虑去参加马术竞赛；钢琴方面，巴赫（Bach）和普罗科菲耶夫（Prokofiev）都不在话下；她热爱滑雪和骑马；自 4 岁起便像老水手一样掌舵航行……除此之外，她还会油画和素描，后来她又爱上了写作。在好奇心驱使下，她去西蒙学校学习戏剧表演，让自己体验与观众交流的快感。

1948 年初，亨利 - 乔治·克鲁佐从学校路过，当时他正准备把神父普雷沃斯（Prévost）的著名小说《曼侬·莱斯科》搬上银幕。但他脑中构思的女主角遍寻不到，他想要一位纯洁无邪的少女，同时不失妩媚和狡黠，有一双蓝得深邃的眼睛，好让德格鲁深陷其中……当他看到年轻的塞西尔·奥布里时，立马便知道这个角色就是为这个初出茅庐的女孩而设的。完美的造型，一头美丽的金发，西蒙大师教会的猫一样的步态体现了她的优势，唇角不易察觉的一撇表现出女孩的天真无邪，而她那不经意的目光更是令人怦然心动。在塞尔日·雷吉亚尼（Serge Reggiani）身边，穿着卡纷设计的服装的塞西尔·奥布里，将成为《曼侬·莱斯科》里惊艳的女主角，电影于 1949 年获得了威尼斯电影节大奖。

电影《情妇玛侬》中，青春靓丽的金发女郎塞西尔·奥布里穿着卡纷设计的粉色方格裙，旁边是米歇尔·奥克莱尔（Michel Auclair）和塞尔日·雷吉亚尼，1949 年。
图片来源：Keystone

卡纷正在为穿着"玛丽-西尔维"白色蝉翼纱晚礼服的塞西尔·奥布里调整腰部尺寸，这件晚礼服由卡纷夫人于 1950 年 3 月为她定制。

图片来源：I.N.P./ 卡纷收藏

"当克鲁佐让我出演《曼侬·莱斯科》主角时，我还很瘦，身高才1.58 米，腰围 48 厘米，显得太稚嫩了！所以我不仅要去设计师那里找到适合我尺寸的服装，还要让他把我打扮得老成一些才能出演，否则审查时会出问题！克鲁佐带我找到了卡纷，她马上有了方案。通过搭配漂亮的束腰为角色增龄，有时根据剧情需要，她还会快速地为我调整卡纷系列中的裙子。

"我一开始就喜欢上了她的衣服，颜色大胆醒目！她跟我一样，也不喜欢黑色，那是我无法驾驭的颜色。不过克鲁佐有一场戏中需要我穿一件黑色的衣服，卡纷为了消除顾虑，为我设计了一件黑色的衣服。导演看到我穿上时，大笑起来……后来我再也没穿过它。

"因为卡纷，我从没去见过其他设计师，除了克里斯汀·迪奥，因为他有次想要给我做一条闪亮的晚礼服……我只愿意穿卡纷的裙子，穿在身上感觉快乐又舒适。不管盛装与否，我永远是我自己，非常有女人味。假如没有她，我这辈子可能就只穿百褶裙或长裤了！我还喜欢她的粉色和白色系列，记得有一条当时非常'前卫'的裙子，我一直穿到它被磨破。它采用最早出现的腈纶面料，上面有荷叶花边、短袖、船形领，加上无敌的剪裁！真是太美了！那个时候我们一天要换三次衣服，早餐、鸡尾酒会和晚会，卡纷为我填满了四季衣橱。我至今仍然保存了一件粉色蝉翼纱长裙，上面有巨大的白色波点，配塔拉丹布衬裙……穿上就像是一朵花！卡纷的裙子永远不会过时，因为她从来不设计奇装异服。她同时也很注重细节，她的所有设计都显得格外'高级定制'。"

## 雅妮娜·沙拉（JANINE CHARRAT）

1943 年起，巴黎歌剧院年轻的明星雅妮娜·沙拉先后在芭蕾舞剧《保罗与维吉妮》和《俄耳甫斯与欧律狄刻》中与罗兰·佩蒂搭档。他们还共同担任皮勒耶舞会中由勃里斯·可克诺执导的《沉睡的小女孩》

的编舞。第二次世界大战结束后，在迪亚吉列夫（Diaghilev）的前助手勃里斯的影响下，她与让·巴比雷（Jean Babilée）和勒妮·尚麦尔（Renée Jeanmaire）一道，组成了新的先锋派剧团"香街芭蕾舞团"，那时人们还不称他们为"奇奇"。他们周围聚集了一批当时最有才华的音乐家、画家、布景师和服装设计师。

"那是记忆中最美好的时光……我刚和罗兰·佩蒂一起开启了职业生涯，当时我只有 15 岁……年轻、拥有无尽的梦想与希望，并获得了最初的成功。"

"那时，我们有时在皮勒耶音乐厅，有时在莎拉-伯恩哈特剧院（现改名为'城市剧院'）表演'独舞'。为此，我和罗兰进行了很多创作。不论是'独舞'，还是'双人舞'，我们要表演整个晚上，还有一位钢

雅妮娜·沙拉的优雅在这张照片中展露无遗，时值蒙特卡罗芭蕾舞团成立，她穿着卡纷设计的精致的薄纱礼服，1946年5月。
摄影：利普尼茨基（Lipnitzki）/ Roger-Viollet

雅妮娜·沙拉穿着卡纷设计的舞蹈服装，在香街剧院表演舞剧《奇美拉》，1958 年。
摄影：贝尔南

琴家作全场伴奏！

"这可不容易！两三分钟之内换好服装，气喘吁吁地回到舞台上，扮演另一个完全不同的角色。

"我很幸运地'年少成名'，11 岁被电影《天鹅之死》选中。这让我结识了大艺术家们，比如让·科克多、让·卡尔祖（Jean Carzou）、让·巴赞（Jean Bazaine）、让 - 德尼·马尔克莱斯、让·马雷……他们为罗兰和我构想精美的服装，然后由杰奎斯·菲斯、皮埃尔·巴尔曼等知名设计师完成，卡纷夫人也在其中。

"这些大人物为我们奉献了他们的才华和作品！那样的时代已经一去不复返了！

"第二次世界大战期间和战后，新人百花齐放。著名的前辈们开始帮助那些在他们看来有望成就一番事业的年轻设计师。

"卡纷夫人就是这样向我们奉献了她的才华和帮助。

"我记得她是一位非常温柔且充满魅力的女士……她为我制作了好几件美丽的服装。我很荣幸今天在此向她致敬。

"再次感谢您，卡纷夫人，为我留下了美好的青春回忆。"

## 西蒙妮·西蒙（Simone Simon）

1933 年，凭借电影《女人湖》走红后，迷人的西蒙妮·西蒙是第一批去美国电影界发展的法国女演员之一。1934 年，在《美好时光》中，投资方按照她的形象挑选了让 - 皮埃尔·奥蒙（Jean-Pierre Aumont）作为她的搭档，共同出演的还有让 - 路易·巴罗（Jean-Louis Barrault）、雅克利娜·波雷尔（Jacqueline Porel）和雷蒙·鲁洛。同年，在巴黎滑稽歌剧院，在阿尔莱蒂、让娜·韦尼亚（Jeanne Véniat）、科瓦尔（Koval）和米歇尔·西蒙（Michel Simon）的身旁，她的出现引起了科莱特的赞赏："我只能说……西蒙妮·西蒙，一个令人无法忽视的新人。20 岁的年纪，小小的鼻子，活泼好动，声音小小的，眼距很大。她在电影里很出挑，也知道如何在舞台上耐心倾听……她还有别的优点，一些说不清道不明的东西，吸引着人们的目光，占据着人们的心灵。"

卡纷常常为西蒙妮设计服装。那些专业的女演员，她们比任何人都更了解自己，也知道谁能让她们脱颖而出。"卡纷对优雅和女性的身体有一种与生俱来的天赋。"这位明星回忆道，"假如要找一个词来形容她的才华，那大概是'女人味'……她可不会把女人打扮成男人！而且她非常喜爱表演艺术，也会通过两次试装避免舞台突发情况！1945年，我要出演马塞尔·阿沙尔（Marcel Achard）的《佩特鲁斯》，这个角色不好演，我请卡纷帮忙设计服装，因为我知道她会'帮我想办法'！她的精力令人称奇，头发挽起，扎着凌乱的马尾辫，这是只属于她的风格！经过美国的历练后，我回到了巴黎，还是希望她帮我设计服装。1967年，在让·德梅耶尔（Jean de Meyer）的《抽签游戏》中，我穿着的那条洁白的裙子特别好看，只可惜因为因为导演没有足够的经费，整部剧下来我只有这一条裙子可穿，所以它很快就被我穿旧了。有一次，让·萨布隆（Jean Sablon）陪我去看塞尔当（Cerdan）的拳击比赛，我也穿了一套卡纷的绿色灯芯绒小套装，戴了一顶葡萄坠饰的帽子……我还喜欢另一条耀眼的圣诞连衣裙，绿色真丝平纹面料，露出单肩……真是太美了！"

西蒙妮·西蒙清新可爱的脸庞。在波蒂涅尔剧院上演的让·德梅耶尔的《抽签游戏》中，她身着由卡纷设计的飘逸的小裙子，1967年1月。
摄影：贝尔南

青春的西蒙妮·西蒙和费南代尔（Fernandel）在《佩特鲁斯》中，穿着一套由卡纷设计的剪裁得体的小礼服。
图片来源：克里斯托夫·L.

"南方的卡洛琳娜"是这件特别的晚礼服的名字，采用深蓝色卡扎尔真丝面料，
白色罗纹，由卡纷为年轻演员吉塞尔·帕斯卡定制于 1950 年。这款礼服非常
成功，在卡纷客户的要求下，第二年又增加了另一种花色：白底配深蓝色罗纹。
对页图为卡纷手稿。
图片来源：卡纷收藏

line du Sud »

优雅的埃利娜·拉布尔代特（左二），穿着卡纷晚礼服，在雅克·贝克尔的电影《爱德华与卡罗琳》中。
图片来源：*Cahiers du Cinéma* 杂志收藏

# 埃利娜·拉布尔代特（Elina Labourdette）

她低调、优雅、貌美且舞姿曼妙，仿佛为电影中所有女性的角色而生。在罗贝尔·布雷松（Robert Bresson）执导的第二部电影《布洛涅森林的女人们》中，她给人们留下了深刻的印象：那个穿黑丝袜、露出美腿的舞蹈少女……她和马德莱娜·雷诺（Madeleine Renaud）和让-路易·巴罗组成了剧团。她还是作家路易·保韦尔斯（Louis Pauwels）的妻子。

"有些服装是值得一生去回忆的……在雅克·贝克尔（Jacques Becker）的电影《爱德华与卡罗琳》中，卡纷为我设计了一条全身绣有亮片的连衣裙……我太喜欢了，后来穿了很多年！"

穿褶裥胸衣的埃利娜·拉布尔代特。
摄影：萨姆·莱万

# 丽娜·雷诺（LINE RENAUD）

1948 年 6 月，在她最喜欢的作曲家——卢卢·加斯泰（Loulou Gasté）乱七八糟的文件中，狂热的"阿尔芒蒂耶尔小姐（Mademoiselle from Armentières）"偶然发现了《我的加拿大小屋》的乐谱……丽娜凭借这首歌，史无前例地在 1948 年和 1949 年连续两年获得查理·克洛学院颁发的唱片大奖。不久之后，她因《巴黎赌场》一举成名，登上美国各地舞台演出，成为拉斯维加斯的明星，在自由女神像前身穿蓝白红相间的服装和芭芭拉·亨德里克斯（Barbara Hendricks）同台……她那令人难以置信的善良和纯朴，她对生活的热情与快乐的感染力，还有和卢卢·加斯泰的明星情侣形象（后来两人于 1950 年结为夫妻，直到 1995 年后者去世），所有这些，与她的才华一起，使丽娜·雷诺成为法国香颂的代言人。

"卡纷为我设计的第一条裙子，是为了参加在香榭丽舍大街剧院里举办的查理·克洛学院颁奖仪式。那是一段美好的记忆，因为我的朋友们，包括莫里斯·切瓦力亚、布尔维尔（Bourvil）、亨利·萨尔瓦多（Henri Salvador）都在场。这条裙子采用珍珠灰天鹅绒、蕾丝袖、尖领口、紧身腰，胯部以下非常柔软……美不胜收！1950 年，在 ABC 音乐厅的舞台上，我首次挑大梁。卡纷为我设计了一条天蓝色雪纺裙，那是我最喜欢的颜色，和我的眼睛很配！1950 年 7 月 14 日，我去多维尔演唱《马赛曲》，正好是卡纷大量运用褶裥的年代，她用淡蓝色接近灰色的针织面料制作了一条单肩带长裙，褶裥从上身一直延伸到胯部……

"我之所以喜欢卡纷，在于她衣服的柔美、时尚、极致的女人味还有年轻的风格！非常高级！我记得有次遇到卢德米拉·契琳娜（Ludmila Tcherina），她刚从沙龙里出来，穿着明黄色小套装……配上一头长长的黑发，简直惊为天人！

"认识卡纷以后，你很快就能感觉到她对艺术家的喜爱。她会好心

飞往美国之前，丽娜·雷诺到卡纷店里购置服装，1956 年。
图片来源：Keystone

丽娜·雷诺穿着卡纷晚礼
服参加一档英国电视节
目，1953 年。
图片来源：Keystone

地借出她的作品，而且不求回报！其实也不需要，因为卡纷的作品辨
识度很高。她对待工作人员和模特们像对待自己的孩子一样。她勤劳
热情、精力充沛，努力工作，同时又温柔知性……我觉得具有这样温
和的性格，她一定获益良多……"

## 玛丽 - 若泽·纳特（MARIE-JOSÉ NAT）

1956 年，玛丽 - 若泽·纳特离开法国科西嘉岛的老家，满怀着对电影的憧憬。这位天真纯朴的无名女郎迅速成名，影响了许多巴黎年轻女性。在此之前，她们不知道如何在经典优雅的基础上体现休闲性。珍珠项链、炯炯有神的眼睛……同年，乔治·朗潘（Georges Lampin）注意到了她，并邀请她出演《罪与罚》，这部电影将标志着玛丽 - 若泽明星事业的开始。

"我 16 岁的时候来到巴黎，怀抱着成为演员的梦想。我为当时还在发展初期的一些时装品牌走秀、展示服装，其中包括阿尔贝·朗珀勒（Albert Lempereur）、维尔吉妮（Virginie），当然还有卡纷夫人，那是 1956 年。卡纷对于我而言，永远是最优雅的女性榜样。当你仔细观察她的时候，她像是一朵花，谁都想跟她一样！虽然她也像大家一样，有烦恼和忧虑，但她拥有不可思议的活力……我从没见过比她更精致的人，我非常欣赏她，她真的是一个'大人物'！"

## 卢德米拉·契琳娜（LUDMILA TCHERINA）

她是蒙特卡罗芭蕾舞团的明星舞者和编舞师，14 岁时，卢德米拉·契琳娜便已经是世界舞蹈界最年轻的明星。1942 年，她凭借和塞尔日·利法尔共同创作的芭蕾舞剧《罗密欧与朱丽叶》在巴黎走红。在她漫长的职业生涯中，曾在世界各地的剧院扮演经典剧目中的重要角色，与罗兰·佩蒂、莫里斯·贝雅尔（Maurice Béjart）共舞，创建自己的芭蕾舞团，并在 18 部电影中扮演时代性的悲剧角色。谁会记不住《特鲁埃尔的恋人》呢？这部芭蕾舞电影代表法国参加了 1962 年戛纳电影节。她的传奇美貌并不影响她同时也是一位才华横溢的作家、画家和雕塑家。世界各地的博物馆中都展出过她的作品，其中雕塑作品《欧洲之心》还被当年的欧共体选中，它象征着加莱英法海底隧道的开通。

在爱德华七世剧院，年轻的玛丽 - 若泽·纳特出演《危险弯道》，1958 年。
摄影：利普尼茨基 /Rogeri-Viollet

卡纷手稿。
卡纷的朋友卢德米拉·契琳娜穿着"坎德拉里亚"礼服在布勒伊修院别墅前拍摄。这对她而言，是历史性的照片，因为她未来的丈夫雷蒙·鲁瓦（Raymond Roi）在遇到她之前，就在 *Paris-Match* 上看到了这张照片⋯⋯
图片来源：*Paris-Match*
摄 影：瓦尔特·卡罗内（Walter Carone）

"20 世纪 50 年代的服装设计将特立独行推向极致，有些衣服甚至不能穿！而卡纷的风格，仍然充满女人味且和谐匀称。我喜欢她的大百褶裙，并且曾经很多年一直穿一套黑白相间带垂尾的小西装也不腻⋯⋯1950 年，当我凭借《霍夫曼的故事》去纽约领取最佳女主角奖时，卡纷为我设计了一整套服装，尤其是一件白色刺绣绸缎长裙。她还帮我设计演出服，特别是《狼和小羊》这部舞剧，我和埃德蒙·奥德朗搭档时穿着的漂亮芭蕾舞裙正是来自卡纷。真正让我印象深刻的是这条'幸运'连衣裙，我穿着它在乡下的修院别墅拍照，滑到肩下的低领口特别适合我。几个月后，我遇到了我的第二任丈夫，那天我依然穿着那条'幸运'连衣裙。他见了我就说，他在杂志上看到过这张照片⋯⋯

"我跟卡纷的关系一直非常好，我很喜欢她。我特别欣赏她的人品，我从来没有听见她像别的设计师一样对客人用傲慢的'口吻'说话。能被亲切地接待真是太舒服了。"

卡纷为卢德米拉·契琳娜在《狼和小羊》中的表演而设计的最美的芭蕾舞裙之一。
图片来源：卡纷收藏

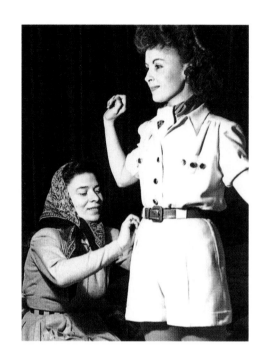

卡纷正在为奥黛特·茹瓦耶在利
奥波德·马尔尚出演玛德莱娜剧
院《花季少女》中的夏季服装做
最后的调整，1945 年 12 月。
摄影：贝尔南

## 奥黛特·茹瓦耶（ODETTE JOYEUX）

14 岁时，美貌的奥黛特·茹瓦耶是巴黎歌剧院舞蹈班的学生，之后成为独舞者。马塞尔·阿沙尔邀请她出演《月亮先生》，标志着她开始进入电影界。在让·季洛杜（Jean Giraudoux）的建议下，她又涉足了话剧，并认识了路易·茹韦（Louis Jouvet），他给她介绍认识了皮埃尔·布拉瑟。然后，奥黛特在《瓦斯》里扮演了小玛德莱娜的角色，并嫁给了同为这部电影主角的皮埃尔。随后，她成为克洛德·奥唐－拉腊（Claude Autant-Lara）在《雪纺婚礼》和《情书》里的御用演员。1958 年，在与导演兼摄影师克洛德·阿戈斯蒂尼（Claude Agostini）再婚后，她离开电影界，投身于文学创作。

"卡纷为我设计了许多日常服装！她的设计很'年轻'，一如当年青春的我……她做的衣服很精美，很好穿，很适合我。她真的很有品位。"

在同一部剧中，奥黛
特·茹瓦耶还穿了清
新的"百花裙"。
摄影：贝尔南

前页：
卡纷的另一个经典之作，乳白
色亚麻套装裙"世界语"，配
黑马毛格子花纹。
加列拉宫博物馆收藏。
卡纷捐赠，编号 1987-59-8，
1947—1949 年。
摄影：多洛莱丝·马拉

# 布丽吉特·佛西（BRIGITTE FOSSEY）

她是一个童星，5 岁时出演了勒内·克莱芒（René Clément）导演的《禁忌游戏》，接着她参演了吉恩·凯利（Gene Kelly）的《幸福路上》。1967 年她出演由让 - 加布里埃尔·阿尔比科（Jean-Gabriel Albicocco）导演的《美丽的约定》中的伊冯娜·德加莱（Yvonne de Galais）一角获得巨大成功。她因为参演这个角色，放弃了学业，投身电影事业。

"我的姨妈曾经是卡纷的模特，所以在我小时候就认识了这位设计师。长大后，我们成了朋友，后来再也没有分开过！对于我来说，她代表着欢乐和活力。她很像我同一时期认识的朋友，雅克 - 亨利·拉蒂格。

小时候的布丽吉特·佛西在雅克 - 亨利·拉蒂格的车里，1954 年摄于戛纳。
图片来源：雅克 - 亨利·拉蒂格摄影之友协会

在歌剧院，服装设计师和他们的
缪斯女神们参加 1987 年时装奥
斯卡，走在前面的是卡纷和布丽
吉特·佛西。
图片来源：A.F.P.

**右页：**
黑色羊驼花园派对裙，
大口袋上绣着雏菊花，
1955 年前后。
巴黎时尚博物馆收藏。
编号：1986-1-638
摄影：多洛莱丝·马拉

对于我来说，他也很特别，因为他总是弯下身来站在我的高度为我拍照，我永远记得他孩童般的笑容和雪白的头发。

"我喜欢并敬佩卡纷，对于我而言，她是永远年轻、忠实和快乐的象征。她总是以少女的眼光去观察世界的美，她知道如何通过她最喜欢的两种颜色，将疯狂的现实与潜在的梦想相结合：纯洁却易逝的白色以及活泼、来自自然的绿色……

"她为我参加巴黎名媛舞会设计了礼服，那是当晚最简单的一件。白色的无袖真丝裙，胸前保守，后背却一直露到腰间……我和雅克·沙佐一起在国立大众剧院跳了开场舞，杰拉·菲利普（Gérard Philipe）和让·维拉（Jean Vilar）都曾在这个舞台上工作过。对于我来说，这是个信号，那晚我意识到，我不是为'世界'而生，而是为艺术而生……我想是卡纷的礼服给我带来了好运！"

150

*LES MAISONS*

# V

# 室内设计

 卡纷对室内设计的热爱之火从未熄灭。这难道是从她的外祖父——图尔地区城堡修复匠那里继承的嗜好？和菲利普·马莱结婚几年后，她发现了一套空置的公寓，位于耶拿广场的一栋建筑的三层。一共500

卡纷坐在布勒伊修院别墅大厅巨大的壁炉前。在壁炉搁板上可以看见她收藏的部分木制圣人像。
图片来源：维利·迈瓦尔德（Willy Maywald），A.D.A.G.P. 协会

左页：
在修院别墅的古典装饰中，雅克-亨利·拉蒂格为正在展示希腊式褶裥长裙"薄纱"的达妮埃尔拍下这一幕，1955 年 5 月 6 日。
图片来源：雅克-亨利·拉蒂格摄影之友协会

在布勒伊城堡哥特式教堂前，法
比安娜穿着"花园派对"长裙，
1952 年春。
摄影：路易·R.阿斯特

平方米，需要全部翻新，阴暗窄小的房间、需要拆除的老式壁炉、难
看的红木板，客厅里的立柱很漂亮，只可惜被灰泥包裹着……好在有
高高的天花板，夏天打开 18 扇窗户就能看见临近的树木，气派的公寓
入口有着浅绿色大理石柱，这一切最终让她心动。卡纷打通隔墙，拆除
了小房间，建起了一间圆形的大书房，入口大厅通向各个房间，还有
一个印度式小酒吧……挂有菲利普两块漂亮的布鲁塞尔壁毯作为装饰。
地板上，华丽的芥黄色地毯凸显出了精美的东方神韵。餐厅里，巨大
的督政府风格桌子上印有 18 世纪著名的细木工匠雅各布的印章，两边

是配套的椅子，还有一幅 19 世纪康斯坦丁·盖伊（Constantin Guys）的油画，描绘的是狩猎的场面。就这些了……之后卡纷还陆续地添置了一些物品。

永不疲倦的卡纷也想拥有一处别墅，周末可以从时装屋繁重的工作中抽离出来，在巴黎近郊休息两天、散散步，和对于她而言必不可少的大自然近距离接触。1946 年夏初，菲利普跟随卡纷去多维尔参加一场晚会，把模特和服装师送上回巴黎的火车后，他们沿着乡间小路悠闲地开着车。菲利普很想再去看看他曾在厄尔省住了几年的"罗贝切屋"。离那里不远处住着店长的父亲——雷泽（Reiset）伯爵，卡纷答应过他会前来拜访。诺曼底的乡村，在一条种满了高大树木的小路尽头，一座路易十三风格的小城堡映入眼帘，这栋拥有迷人比例的粉

弗洛莱特穿着一件 1950—1951 年卡纷秋冬系列运动小套装。
图片来源：雅克 - 亨利·拉蒂格
摄影之友协会
摄影：雅克 - 亨利·拉蒂格

西伯格团队在修院别墅花园拍摄间隙。摄影师、模特、造型师围绕着卡纷和菲利普·马莱，20 世纪 50 年代。
摄影：西伯格
图片来源：法国国家图书馆

在修院别墅拍摄 1951 年夏季系列。
图片来源：*Paris-Match*
摄影：瓦尔特·卡罗内（Walter Carone）

砖建筑名叫布勒伊城堡。这是一个被遗弃了整整 45 年的旧修道院，由勇敢的骑士纪尧姆·德马尔西（Guillaume de Marcilly）出征归来后建成。那里还有一座哥特式教堂，自从法国大革命期间被洗劫一空后，只有蝙蝠在此安家。"雷泽先生被我的魅力倾倒了。"卡纷的眼睛闪着狡黠的光芒，"一小时之内租约就签好了：六年之内不需付租金，作为交换，我负责重新装修……"修院别墅是一处迷人的、世外桃源般的地方，完全符合卡纷和菲利普的浪漫气质。尽管有的地方天花板掉了，有些承重墙上有缺口，但这里幽静无比。而且还能发现些惊喜，比如被遗弃在壁橱里的老式彩绘玻璃窗和教堂长椅、精湛的建筑设计，有几件落满灰尘的家具甚至可以进博物馆。四处散放着木床，上面漆有符号"Saint-Joseph（圣约瑟夫）"，还有一个圣器橱柜和一些神职祷告席……首先，我们要考虑的是结构性工程，包括砌墙、修复、安装中央供暖系统、给横梁和巨大的壁炉上的亨利四世徽章重新上色、重新安装墙上的彩绘玻璃窗。在一位天才工匠的帮助下，我们用老式赤土砖重新铺设了地面……原修道士的房间变成了主卧，墙上和房梁上的徽章以及法国大革命前别墅继任者们的名字都被重新修复。这一庄严的地方需要古典时期的装饰，正好符合菲利普的品位。菲利普沉浸在自己的"爱好"中，从当地的古董商那里买到一些高高的天花板所需要搭配的大家具，比如壁毯、雕塑门（其中一扇来自魔鬼罗贝尔城堡）、哥特式雕像和宽大的方形沙发，这一切构成了一个和谐而生动的整体。卡纷就是从这里开始收集彩色木制圣人雕像的。为了给修女房间供暖，卡纷精品店的工坊制作了高高的白色帆布床篷，边缘饰有金黄色的垂花……透过彩色玻璃窗的柔和光束，立即为这个奇特而宏伟的地方增添了诗意。"灵感是可以被记录下来的。"卡纷说道，她最浪漫的系列主题灵感正是来自布勒伊修院别墅。"这里的一切映入眼帘，就像是一首完美的交响乐，之后成为我的设计元素。"卡纷还很喜欢布勒伊的花园并"一草一木"地打理。她还记得刚到时的荒芜景象。很快，这里就变得魅力四射，成为羽扇豆、攀缘玫瑰和大丽花的世界，正是乡村牧师的花园的模样。花园四处摆放着教堂中废弃的石柱，玫瑰花自然地依附在雕像的遗迹上……当这个展示卡纷垂褶连衣裙的理想之地没有被用于时尚活动时，布勒伊的周末相当安宁。根据季节的不同，或是在花园的摇床里打盹，或是在厄尔河里捕梭鱼当晚餐，或是去德勒森林看浩浩荡荡的狩猎队……

冬天，巨型壁炉中火苗在闪烁，看着一望无际的漫天大雪，卡纷想到了另一种时尚，属于那些想要在冬季运动中展现优雅的女性们的时尚……卡纷从小就喜欢滑雪和溜冰，她想象着如果能穿着时髦而不

淑莎穿着优雅的连身服，让人想要出发去做冬季运动，20 世纪 50 年代。
图片来源：法国国家图书馆
摄影：西伯格

淑莎穿着"上坡",一件苏格兰绿蓝色格子呢连帽滑雪运动衫,下身是米色华达呢锥形裤,20 世纪 50 年代。
摄影:居伊·阿萨克(Guy Arsac)

右页:

淑莎穿着全套服装,海蓝色华达呢锥形裤和米黄色系带连帽滑雪运动衫。
手稿来源:卡纷档案

« Chaucha »  Chucha

拘束的高级时装在高雪维尔或梅杰夫滑雪场上跳跃，将是件多么惬意的事！

几年后，童年的记忆唤起了卡纷对阳光的强烈渴望。唱歌如"苹果树结苹果"那么自然的查尔斯·特雷内，从法国人享受的第一个带薪假期的快乐中汲取灵感，在收音机里唱道：

> 七号国道
>
> 度假之道……

托马索先生的孩子们乖乖地坐在敞篷车的后排，盖着灰色披风。这条从巴黎一直通向南方蒙特卡罗赌场的路，他们已经走过不下一百次……他们习惯在维埃纳停下来，去布安太太餐厅吃午饭，那里的蜗牛做得很好吃；或者晚上在蒙特利马尔的皇帝旅店或者瓦伦斯过夜，这取决于汽车的状态和车内人员的心情。除非是出于某些孩子们不知道的神秘原因，他们的父亲会一路狂奔，否则他们常常会在深夜才抵达巴黎酒店，而经常要守到黎明的疲惫的看门人，对此也早已司空见惯……孩子们虽然能够蜷缩在裘皮里安然入睡，但他们并不喜欢不停顿的旅行。要时不时停下来，在夜幕降临时帮助扶起翻倒在路中央的马车；后来，在埃斯特莱丛林里，他们还被一些可怕的黑影追逐；甚至有一次，差点儿被强盗袭击，这些人不知道夜间行驶的三辆车会前后跟随，一辆保护着另外两辆……蜿蜒的碎石路，悬在海面上，还没有护栏，看起来太危险了！然而，早上上路时，一条引人入胜的小径却让孩子们着迷：环绕着荒凉的小海湾，这是一个叫作红岩石的地方。传说中红岩石的特殊颜色是由非洲海岸的风带来的。

30 年后，铁路线在第二次世界大战（1939—1945）中成为盟军轰炸的目标。当时为了准备登陆，路边的房屋被夷为平地建起碉堡。1947 年，卡纷重新走过法国南方这段路，在蒙特卡罗展示了她的服装系列。阿盖小村庄的红岩遗址上，一块"待售土地"的标牌让她停

"虾米（Crevette）"这套服装很有女人味，在海滩上很吸眼球。上身白点蓝底抹胸，下身是灯笼短裤，1948 年夏。
图片来源：卡纷手稿

"我的风格" 1949 年夏季版，带有卡纷字母图案的泳装。配有绿白条纹的大浴袍，内衬白色毛巾布。
图片来源：卡纷档案
摄影：让 - 路易·穆桑派斯

了下来。阿盖这个地方对于熟悉内行的人来说并不陌生，因为安托万·德圣埃克苏佩里（Antoine de Saint-Exupéry）的妹妹加布里埃尔（Gabrielle）便住在这里，她嫁给了村里的"领主"、作家的发小——皮埃尔·达盖（Pierre d'Agay）。作家自己在去世前不久也在那里定居。

　　卡纷建议，地基还在呢，我们去看看这片地吧！一棵伞状松树在

阳光明媚的阿盖，卡
纷的卧室朴素优雅，
落地窗通向屋外露台，
1956 年。
摄影：A. G.

红色的土地上挡住烈日，俯瞰着荒芜的海湾，这里生长着多肉植物，那里有一棵挂了肥美果实的无花果树，还有聒噪的蝉。远处平静的海面上，有一艘小船，风景如画……卡纷对此地一见钟情。抱着打造一间有自己色彩的袖珍房屋的想法，卡纷买下了这个"战争的遗留物"。设计色调一如既往是绿白色。这里将是"萌发新意、无限畅游"的地方，因为卡纷爱水，要想设计出精致的沙滩装，从技术上开发出真正的运动泳衣，并想象与阳光和南方土地相配的面料，还能有比这里更好的灵感来源吗？

"它将是绿色和白色的。"卡纷站在高处看着工地进展说道，海浪

客厅里 18
世纪 的 军
舰模型。
摄影：A. G.

拍打的红色岩石后面，一座一层建筑正在修建。初建的外墙和内墙都
是白色的，房顶的话，卡纷知道自己想要什么。在摩洛哥首都拉巴特
的时候，她注意到一种特别的黏土瓦，手工制作后再上釉。或许可以
在法国找到相同的瓦，它们会和周围的环境十分相称。里昂附近有间
专门生产罗马砖的工厂，那里的手工艺人将为卡纷制作专属于她的亮
绿色装饰瓦。对房子内部设计，卡纷只想要清新简朴的风格：用奶油色
石灰华地砖从前厅一直铺到另一侧，房间也装成简约风格，只放几件
有特色的家具。两艘路易十四时期的大型帆船模型，两侧是一对路易
十三风格的椅子，一张舒适的沙发正对着通向露台的落地窗，不远处

这套充满异域风情的沙滩装，
可以让人们尽情地欣赏淑莎晒
黑的背部，1952 年夏。
图片来源：卡纷收藏

是一张可容纳 12 位客人的意式餐桌和西班牙风格的红色椅子……墙上挂着几幅来自她公公家的油画和旧时期版画，绣花台用来放置在德拉吉尼昂淘来的古玩摆设。房间里，卡纷选择了一张文艺复兴时期的床，镀金木雕刻、大烛台照明。浴室的墙壁用卡纷式绿色瓷砖全覆盖，尖形拱肋下放置着浴缸。"圣凯瑟琳（Sainte-Catherine），用它命名一座服装师的别墅很不错。"设计师一边欣赏完工的房子，一边开玩笑地说。从大路上是看不见"圣凯瑟琳"的，夹竹桃树丛挡住了路人的视线。之后卡纷又建了姐妹房"小凯瑟琳（La Catherinette）"，将原来的洗衣房改成客房，旁边的小路通向一片小小的私人海滩。卡纷用普罗旺斯布覆盖卧室的两张单人床，衣物则存放在旧式彩色木制婚礼柜中，这是从一名柏林的酒店老板那里获得的，当时柜子闲置在楼梯过道里。几扇木门后隐藏着一间实用的小厨房，墙面漆成白色，室外有一个浪漫的小露台。在两栋房子之间，一间旧船屋被改造成夏季休息室，可从岩石顶上俯瞰大海。家具不过是漆成白色的藤椅和一张老式瓷砖面长桌。傍晚时分，人们来到这里欣赏落日，听潮起潮落……在卡纷种的地中海松树、海桐花、月桂树、丝兰和柏树中间，有一个半圆形的陶瓷吧台藏在百叶窗后。后来，卡纷的地中海天堂又扩建了两座小房子，坐落在大海和岩石之间……

善于搭配的卡纷也为许多名人搭建了友谊之桥。她非常好客，没有她，有些人永远不可能相遇。她曾同时邀请过迪布瓦（Dubois）省长、演员夏尔·瓦内尔（Charles Vanel）、拉蒂格夫妇、Orient 的著名编辑乔治·纳卡什（Georges Naccache）、亨利 - 乔治·克鲁佐以及度假的模特们和路过的公主们。

卡纷于 1967 年前往安的列斯群岛和格朗德特尔岛，在这个美妙的地方，诞生了许多夏季系列，也有许多可爱的女运动员"测试"过那些著名的泳衣，她们从岩石上跳下海去做卡纷醉心的滑水运动。其他热爱大海、阳光的朋友和优雅的巴黎女性也都在蔚蓝海岸拥有别墅。游泳池边的早餐、无人海滩上的漫步、伊甸豪酒店的约会、骑着摩托艇

从客厅可以看到绿白
相间的遮阳篷遮挡下
的露台，以及海边绚
丽的景色，1956 年。
摄影：A. G.

撒欢……你需要合适的衣服来做这些事。从她的第一个系列开始，卡
纷就设计了优雅的沙滩装，可以根据时段更换，比如海滩晒太阳和躺
在花园的阴凉处穿的是不同的衣服。现在，她就在阿盖，年复一年地
从水上运动中获取设计灵感。

　　菲利普·马莱去世后，卡纷与 20 世纪伟大的收藏家勒内·格罗格
再婚。他在福煦大街拥有一套公寓，其 18 世纪时期的家具能与全球最

卡纷和她的第二任丈夫勒内·格罗格
在福煦大街的公寓里。
图片来源：Keystone

大的博物馆的藏品相媲美。卡纷离开了耶拿广场的居所，住到了这个华丽的新家。"有些太过奢华了，"卡纷说道，"我对大收藏家通常有一点不满，他们只是盲目地收集东西，不管它是否与装修风格和谐，也不管人们是否愿意每天和它生活在一起。当我来到福煦大街时，就稍微'动了动'勒内·格罗格的布置……"卡纷打通墙壁，改变了房间的布局，使餐厅更靠近书房。以她惯用的"外交"手段卖掉了一些家具，并用珍贵的橱柜、壁毯、铜器或是 18 世纪的瓷器代替，这些更符合她的品位。办公室的桌子是路易十五时期的，保罗·盖提（Paul Getty）在以他的名字命名的位于加利福利亚的基金会里拥有一张一模一样的。那里有一张用塞夫尔瓷器装饰的小桌子，是玛丽·安托瓦内特（Marie-Antoinette）送给女儿昂古莱姆公爵夫人的礼物。那里还有一个摄政时期的五斗柜，与慕尼黑王宫里的那个类似；一张印有 A.C. Boulle（A.C.布勒）字样的写字台和一张印有蒙蒂尼字样的路易十六时期的雅致小书桌；其他的豪华家具，也都只有在白金汉宫里才能看到……上方是一套四幅的独一无二的戈布兰挂毯，拥有极为罕见的天蓝色背景并且保留了其原始的新鲜感；墙上挂着克拉纳赫（Cranach）的年轻女子画像，弗兰斯·哈尔斯（Franz Hals）的《佛兰芒妇女》以及马里纳斯·凡·雷梅尔思维勒（Marinus van Reymerswaele）的《两个税史》。

世界上最美丽的画作之一，梅姆林（Memling）的《圣母膝上的圣子》也在这里，让布鲁日博物馆收藏的那幅黯然失色……勒内·格罗格从 20 岁开始收藏的鸟类系列是他藏品的亮点。这个由 87 只中国瓷鸟组成的华丽"大鸟笼"，有康熙（1662—1722）、雍正（1723—1735）和乾隆（1736—1795）年代的，由景德镇官窑烧制。这些鸟的形象也被卡纷用作布料、披巾和围巾的设计素材……

右页：

勒内·格罗格在他的书房，墙上挂着一幅罕见的 15 世纪佛兰德壁毯。
图片来源：Keystone

格罗格 - 卡纷夫妇的收藏

"华莱士（Wallace）、琼斯（Jones）、古尔本基安（Gulbenkian）、盖提（Getty）、赖茨曼（Wrightsman），18 世纪法国最伟大的艺术品是否注定流向国外？和所有杰出的业余收藏家一样，格罗格 - 卡纷夫妇也很关心如何保存他们的藏品，并最终在 1973 年选择将其捐赠给卢浮宫。作为名誉保管者，卡纷一直在守护着它们。她以巧妙的布展方式将这一有价值的收藏系列呈现给参观者，让他们产生一种进入 18 世纪巴黎宏伟建筑的错觉。其中甚至不乏异国情调，比如中国瓷器，特别是那些著名的瓷鸟还为女主人提供了许多设计灵感。要努力构建成如此完美的收藏，不仅需要热情，还需要思考，格罗格 - 卡纷夫妇的收藏在质量、稀有性和多样性方面等同于甚至超越了上述提及的其他收藏。法国 18 世纪艺术品历史完全可以通过这些收藏品来撰写，这其中有很多藏品是从国外收回的。有布勒（Boulle）、克里亚尔（Criaerd）、拉茨（Latz）、厄本（Oeben）和他的姐夫 R.V. L.C.，约瑟夫（Joseph）、卡兰（Carlin）、魏斯魏勒（Weisweiler）的高级细木家具，卡尔庞捷（Carpentier）、雅各布（Jacob）、塞内（Séné）的椅子，还有布勒、克雷桑（Cressent）、圣日尔曼（Saint-Germain）的铜器，等等。从 8 个烤漆抽屉柜和 4 张塞夫尔瓷桌中，可以看到圣奥诺雷地区商人的想象力和顾客对奢华的要求。约瑟夫的俄罗斯大型家具是人们得以彻底了解 18 世纪 60 年代希腊风格的一个里程碑。4 幅著名的蓝底挂毯描绘了孩子们在棚架摇篮下玩耍的情景。环绕着 2 张长沙发、8 张扶手椅的这幅挂毯也是由戈布兰所织。在我们这个时代，居然能够收集到如此全套的艺术品，真是太神奇了。而令人钦佩的是，他们将这些藏品捐赠给了卢浮宫。几批大笔捐赠在 20 世纪卢浮宫艺术品部的历史上留下了浓墨重彩的一笔，继罗斯柴尔德（Rothschild, 1901, 1922）、卡蒙多（Camondo, 1911）、达维德 - 魏尔（David-Weill, 1946）、尼亚尔霍斯（Niarchos, 1955）之后，艺术品部以激动的心情将格罗格 - 卡纷夫妇写进了赞助人名单。"

卢浮宫艺术品部负责人
达尼埃尔·阿尔库夫（Daniel Alcouffe）

"卡纷 - 格罗格（Carven-Grog）女士无疑是卢浮宫的主要捐献者之一，如果没有他们夫妻在 1973 年将精心收集、令人赞叹的收藏慷慨捐赠，卢浮宫的艺术品部门和吉美博物馆怎么会有今天？在油画部，我们有幸在米歇尔·拉克洛特（Michel Laclotte）的手下工作了几年。他曾直接收格罗格 - 卡纷夫妇捐赠的 12 幅油画，当时由雅克·富卡尔（Jacques Foucart）鉴定。其中一幅杰作脱颖而出，这是一件最值得收藏的重要作品，即 15 世纪末来自弗拉芒的匿名"花叶绣大师"创作的《天使围绕着庄严的圣母》的正面画像。但同时"1518 年大师"马里纳斯·凡·雷梅尔思维勒的《圣母与圣子》和其他北方画家的作品也值得优秀的鉴赏家们的关注。

"我们要强调的是卡纷 - 格罗格捐赠的一个重要意义，即其示范性。鼓励和号召收藏家成为捐赠者，这难道不是卡纷 - 格罗格收藏中最动人的故事吗？在此，我们向所有促成此事的人，尤其是卡纷夫人表示衷心的感谢。博物馆将永远对她怀有无尽的感激。"

卢浮宫博物馆主席兼馆长
皮埃尔·罗森贝格（Pierre Rosenberg）

在巴黎公寓豪华的客厅里，卡纷与一位穿着"孔雀"礼服的模特合照，灵感汲取自她收藏的瓷鸟系列，1988 年。
摄影：玛丽娜·福斯特
（Marina Faust）

1973 年，卡纷和勒内·格罗格作出一个重大决定，向卢浮宫捐赠一批收藏品，这次捐赠后来被称为"世纪捐赠"。"我和我的第二任丈夫都没有孩子，"卡纷以平静的口吻说道，"我们希望这些非凡的收藏品能够被完整地保存下来。卢浮宫作为世界顶级博物馆，却严重缺乏代表 18 世纪法国装饰艺术的作品。而在此方面，伦敦华莱士和纽约大都会的收藏明显处于领先地位。所以我们需要补救！"瓷鸟系列收藏被捐赠给了吉美博物馆，家具则在卢浮宫保留的"卡纷 - 格罗格厅"中找到了位置。此时，卡纷仍不断收到来自世界各地的信件，请求研究她惊人的藏品……几年前，她收到一通英国女王陛下礼宾办公室主任打来的神秘电话，请求她与亚历山德娜郡主（Alexandra de Kent）择日会面。后者过了几天就来到福煦大街，"手提包"里装着一只特殊的瓷凤凰，想和卡纷收藏的一对瓷鸟对比一下。有人把这件轶事转述给博物馆馆长，他说这是过去两个世纪以来，这三只瓷鸟的第一次"团聚"……

1967 年，从南美巡展回国途中，卡纷在皮特尔角城转机的时候，当即就爱上了这里的气候。冬天要是能在这里过上一个月多好，巴黎那么冷！外国朋友带她参观了圣弗朗索瓦，他们在沙滩上买下了渔民"小棚屋"，简陋却非常可爱！那里还有许多不知名的花和香料植物……12月的时候，天气晴朗，海水从来没有低于 25 摄氏度……

有哪间小棚屋是没有主人的吗？过了好几年，才出现一间待售的小屋。同日，卡纷和勒内·格罗格就出现在皮特尔角城的公证处……近 30 年来，这里成为设计师筹备春夏时装秀、寻找灵感的理想之地。

"当你想象夏季系列的模特在花丛中穿梭时，你就会立刻'入戏'，而不是在巴黎的大雾中！潜水抓鱼、帆船、滑水，还有旁边美丽的高尔夫球场让我设计出欢快的时装和运动装。"高尔夫球？这里也有创作服装的空间，以前的设计都太传统了……"卡纷高尔夫"系列应运而生。

装修方面，卡纷请当地的手工艺人来打造她新的避风港。先是把原先的船坞改造成房间（像她在阿盖做的那样），然后添置殖民地风格的彩色篮筐家具，一些漂亮的物件和朴素的海地画作。简朴、可爱、实用，而且充满异国情调！

第二年，勒内·格罗格想在巴黎附近买一栋周末别墅，假如因工作需要往返巴黎时，修院别墅就显得有点儿远了。"母亲与拉福雷斯特-迪沃纳（La Forest-Divonne）伯爵是非常要好的朋友，他以前住在位于尚蒂伊公园尽头的属于法兰西学会的一座小城堡里，因为没有暖气的缘故，每年只去住两个月。"卡纷说道，"城堡年久失修，只有一只

卡纷在瓜德罗普岛的圣弗朗索瓦。自 1967 年来，这里的露天市场的欢快色彩一直是她设计的灵感来源。
摄影：尚塞·维德斯特德，1995 年

在卡纷周末居所 "La Nonette"
的花园里，参观者惊讶地看到了
孔雀和袋鼠……
图片来源：弗雷德里克·德拉福斯
（Frédéric de Lafosse），*Best of*

古色古香的火炉，而且仅有一个房间可以住人。伯爵并没有太过为难，
就把房子卖给了我……"很早以前，"La Nonette"（借用附近小河的
名字）就有过辉煌的时刻。1830 年，孔德（Condé）家族的遗产——
著名的尚蒂伊城堡由亨利·德奥尔良（Henri d'Orléans）继承，他是
奥马勒（Aumale）公爵和路易-菲利普（Louis-Philippe）国王的第五
个儿子。作为收藏家和珍本爱好者，亨利一生都在用那些价值连城的
家具和物件来装饰城堡。当他爱上了自己的一位读者时，便想为她建
一栋配得上他炙热的爱的房子。就在维讷伊圣菲尔曼小镇上，森林的
旁边，他将三座房产合并，并将其外观装饰得富丽堂皇。在花园的围
墙上开着一扇允许骑马人通过的门，他每天只需骑马走上三两步就可

以去拜访德克兰尚夫人（Madame de Clinchamp）。传说有位著名的
旅行者，奥地利的伊丽莎白（Élisabeth），也就是著名的"茜茜公主
（Sissi）"也曾有幸来过此地，甚至还种了一棵具有历史意义的梧桐树，
现在从露台上还能看得到。

　　卡纷和丈夫在参观城堡时，被它的唯美环境打动，那里有宁静的
花园、暖房和阳光房。勒内·格罗格立即就想到把这里改造成鸟笼，
好收集珍稀鸟类（这次是活的），因为他还是一位资深的鸟类学家，他
想养天堂鸟、中美洲巨嘴鸟、火烈鸟、冠鹤等。勒内·格罗格自幼酷
爱鸟类，8 岁时他就拥有一只驯养的蓝黄金刚鹦鹉，晚上甚至和它一
起睡觉。他要是生病，谁想到床边去看他可要当心了！他可以在"La
Nonette"拥有所有这些生物，甚至是袋鼠，它可以和其他鸟类动物
和睦相处。在澳大利亚见到的袋鼠看起来很优雅！勒内·格罗格心想，
"La Nonette"是一座被遗弃的房子，卡纷可以在这里尽情地发挥她作
为室内设计师的天赋……事情很快敲定，虽说放弃了修院别墅令她伤
感，但卡纷仍然为能和勒内·格罗格一起打造新的生活环境而感到高

尚蒂伊森林的灌木丛里遇到的
优秀骑手，激发了卡纷设计
舒适马术服的灵感，1972 —
1973 年秋冬。
图片来源：B. 德托莱多（B. de
Toledo）

世界各地的球道上，高尔夫球
套装总是绿白相间的。
摄影：卢多维克·奥贝尔
（Ludovic Aubert）

171

在 "La Nonette" 的温室里，
卡纷和勒内·格罗格正试图
与一只无动于衷的巨嘴鸟对
话，20 世纪 70 年代。
图片来源：卡纷档案

兴。第一要务就是舒适。先要安装暖气、合适的电路系统，然后是浴室，
因为整栋房子只有一个大浴缸。两年的时间要想把这里装修成"天堂"
还是有些紧张，图纸设计得非常精细：打断墙壁，消除无用角落，扩大
房子内部空间。"我更喜欢'高'而非'低'。"卡纷开玩笑地说。她把
修院别墅的一些家具留给了加拿大租户，比如大餐桌和荷兰高背绒绣
椅子，这些与这栋 19 世纪风格的建筑已经格格不入了。为了营造温馨
的氛围，她选择了黄色的布料和亮色的地毯，好让阳光照进屋内。最初
的家具是从耶拿公寓搬来的几件督政府风格的物件，混合了属于德托

在"La Nonette",卡纷为我们
打开餐厅的门。
图片来源:弗雷德里克·德拉福
斯,*Best of*

马索夫人的收藏品,包括中国屏风和路易十五时期的转椅。卧室里是修
院别墅的彩绘床,还有在世界各地收集的家具。墙上有华托(Watteau)
的素描,拉图尔(Latour)的粉彩,还有一张雅克-亨利·拉蒂格拍摄
的肖像⋯⋯所有这些精致地融合在一起,形成一种既传统又反常规的
装饰风格!

"La Nonette"旁的森林里,在一条人迹罕至的小路上,卡纷每
周带着她的小狗奥特罗进行长距离的快走。她一边注意着树木颜色的
变化、苔藓的纹理、鸟儿羽毛的色调,一边在脑海里构思着下一个系

平静的避风港：站在客厅的落地窗前，卡纷可以看到大白孔雀和在院子里嬉戏的中国乌骨鸡。
图片来源：弗雷德里克·德拉福斯，*Best of*

列。狩猎服将会有这种趋势，裤子要那样做，需要一件暖和但轻薄的外套……1 月，当大雪覆盖了城堡，四周变得一片雪白时，她考虑的是明年冬天的滑雪系列。为什么踏脚裤一定是黑色的？雪地上鸟儿的羽毛可是五彩缤纷的！这些衣服也应该欢快而新颖……

设计、旅行、乡间漫步、夏日远足……时间在不知不觉中流逝，卡纷的生活继续着。袋鼠夫妇现在已经繁衍出了一个大家庭，高傲的白孔雀也取代了粉红的火烈鸟。

右页：
"La Nonette" 到处都有大自然的痕迹，各种各样的绿色植物和禽类随处可见。
图片来源：弗雷德里克·德拉福斯，
*Best of*

*LE GÉNIE DES PARFUMS*

# VI
## 芳香密码

绿、白和紫釉陶器广告玩偶吉诺，裙上印着"卡纷"。1952 年由让·埃斯泰雷尔（Jean Estérel）为卡纷的香水设计。

图片来源：SCP J.-P. 邦迪埃勒和 J.-M. 朗克里拍卖场收藏

如果说卡纷没有在其他时装屋中找到能凸显其年轻动感体格的时装，那么同样她也没有发现适合她的香水。其实，她也从来没想过用香水！1945 年末，由于最早的两个服装系列大获成功，她便开始考虑推出专属于自己以及穿卡纷时装的年轻女孩的香水。这款香水应该非常清新、俏丽、花香四溢，同时又不失经典，而且要有高级时装的气息……在 1945 年，这并不是一件容易的事，因为当时甜美的气味是留给成熟女性的，而有教养的年轻女孩不应该使用香水，即使她们对此梦寐以求，即使她们有时偷用母亲浴室里娇兰（Guerlain）的"柳儿（Liu）"，别奈梅（Bienaimé）的"沙漠商队（Caravane）"或比盖的"喧哗（Fracas）"……

当卡纷正想着找制造商的时候，一次偶然的相遇催生出了一款史上留名的畅销香水。乔治·博（Georges Baud）是著名男装品牌"雷诺（Renoir）"的总裁［第二次世界大战后品牌改名为"罗古（Raucour）"］，他拥有一间大型工厂并想把它投入使用。在一次巴黎式晚宴上，卡纷和乔治·博正好坐在一起……几个月后，巴黎星形广场博容街 36 号附近的一栋优雅建筑成为卡纷香水公司的总部。四位创始人分别是：财务经理乔治·博、天才商人让·普罗东（Jean Prodhon）、实干销售莫里斯·皮诺（Maurice Pinot）和总是充满奇思妙想、负责宣传的安德烈-

左页：

著名的"我的风格"绿白条纹棉布裙细节。卡纷夫人私人收藏。

摄影：多洛莱丝·马拉

身穿"琪兰"绿，卡纷
为她的代表作香水"我
的风格"宣传。
图片来源：卡纷档案

皮埃尔·塔贝斯（André-Pierre Tarbès）。

　　对于卡纷来说，创造一款与众不同的香水是一个全新的挑战。小时候跟父亲去法国南部旅行时闻到的格拉斯的茉莉花味道，让她久久难忘。香水之都格拉斯之旅让她回想起，正是这种萦绕不去的香气使之成为"夏日女王"。人们在黎明时分采摘的昂贵的茉莉花将奠定香水的基调。卡纷说："户外使用的香水，不该令人头晕目眩。"尽管白茉莉的花语是："你的初吻令我心乱神迷……"格拉斯茉莉花与橡树的苔藓、橙花油、麝香和香根草相结合，在果香味中散发出奇特的森林香

在商店的橱窗里，"我的
风格"长裙迷你版旁摆
放着同名香水。
图片来源：安德烈 -
皮埃尔·塔贝斯

气。"我们的广告语是：年轻的香水。"安德烈 - 皮埃尔·塔贝斯回忆说："这是受卡纷的热情所启发。香水与她想象的一模一样，也和年轻动感的卡纷时装相配。"

现在需要给它起个名字，设计师脑中自动浮现出了一个名字，和她的代表作一样，叫"我的风格（Ma griffe）"。然而当安德烈 - 皮埃尔去注册这个名字时，才发现它已经被娇兰和"猫（Le Chat）"牌肥皂抢先注册了……"我年轻的朋友，您使用这个名字我没有意见。"让 - 雅克·盖尔兰（Jean-Jacques Guerlain）写给安德烈 - 皮埃尔的信极尽优雅，大方地放弃了这个名字。因为"猫"这个品牌属于战时与菲利普 - 马莱同一中队的飞行员战友，卡纷就去碰碰运气，结果他欣然把"我的风格"让给了他敬仰的英雄的妻子！

卡纷将香水瓶身也设计成绿白条纹，增添了产品的优雅和独创性。画家图沙格创作了广告画："一款年轻的香水！"在这幅炭笔素描画中，一个年轻女孩只穿了一件四季短袖上衣和一条简单的裙子。

加斯乐·博纳尔（Gaston Bonheur）在 *Votre Beauté* 上点评"我的风格"时，比以往任何时候都要抒情："我的风格，是未经世事的小猫的抚摸，是荆棘丛中露出的鲜艳又野性的玫瑰的誓言，是一场精力耗尽的游戏……"

安德烈 - 皮埃尔·塔贝斯有了一个让人眼前一亮的想法。"香水店的橱窗以前一直乏善可陈，"他回忆道，脑中浮现出那些陈列在白色绸布前的香水瓶……"我请到了一位非常优秀的橱窗设计师，又去圣皮埃尔市场买了上千米的白绿条纹家具布，然后我们在全国的店里制作了基于卡纷香水的真正的橱窗装饰。效果令人过目难忘！"

在精品店，漂亮的香水瓶摆放在入口的柜台上，迎接顾客的是笑容可掬的年轻女孩，她们为顾客喷上"我的风格"香水，这真是让人无法抗拒！

卡纷知道香水正如使用香水的女人一样很难伺候。如何才能精准地选择为她们量身打造的、与她们的个性完美协调的香水呢？

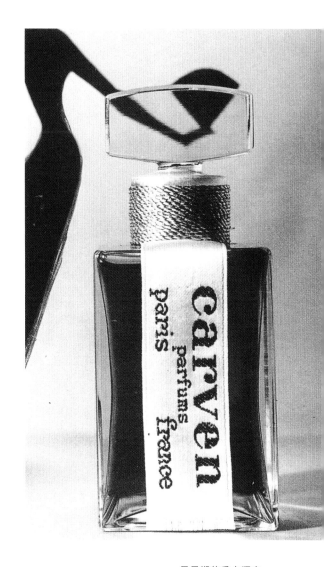

最早期的香水瓶之一，
丝绸缎带，金丝线封口。
图片来源：卡纷档案

达妮·布瓦里旺（Dany Boyriven），卡纷的教女，
穿着 1964 年版的"我的风格"。
图片来源：卡纷档案

"应该让女人们连续几天在不同的时段试用'我的风格'，如果她们喜欢这款香水，就会想买它！"基于这样的思考，赠送"小样"这样的习俗诞生了。无论是时装店还是香水店，都会向顾客发放小样，"我的风格"很快风靡全球。基于安德烈-皮埃尔·塔贝斯和让·德福孔天才的营销方案，装着珍贵香水的绿白色迷你盒子也在各种意想不到的场合提供和发放：大型舞会、歌剧院晚会、慈善晚宴、多维尔和蒙特卡罗赌场举办运动赛事的俱乐部。在全国的新品发布会上，"卡纷竞赛"的获胜者也可以得到香水奖品。圣诞节期间，由法航最漂亮的空姐组成的小分队将按响千家万户的门铃。那些幸运儿们都是经过精心挑选的卡纷的客户，她们会收到一个装满礼物的小帽盒，里面就有一瓶卡纷香水！

继"我的风格"成功之后，卡纷在 1947 年决定推出第二款香水："我想开发一款非常丰富的香水，更女性化而非少女感，更有魅力，更加迷人……"这是为那些出现在巴黎夜晚社交场合的靓丽女人而打造的，它就是"晚礼服（Robe d'un soir）"香水。晚香玉与茉莉、麝香、广藿香和琥珀混合在一起，呈现出温暖的花香，适合成熟的女性。

1946 年"我的风格"，1947
年"晚礼服裙"和 1950 年"狩
猎地"香水样品被包裹在同
名时装面料中。
吉纳维芙·丰唐（Geneviève
Fontan）与达妮埃尔·布拉
米（Danièle Brami）收藏。

法比安娜为"狩猎地"摆拍，
1950 年。
摄影：西伯格
图片来源：法国国家图书馆

　　1950 年，心系热爱运动的客户们的假期，卡纷推出了"狩猎地
（Chasse gardée）"。所有的时尚杂志上都能看到漂亮的法比安娜穿着
永不过时的狩猎服，站在记者团的"长枪短炮"前……"这是一款户
外香水。"卡纷解释说，"适合秋冬两季，是为那些努力工作且有责任

"狩猎地"最早的瓶身
和包装，1950 年。
图片来源：卡纷收藏

"狩猎地"套装手稿，
1955 年秋冬系列。
手稿来源：卡纷档案

感的年轻女性而设计的。"在这款香水中，有一丝"不可触碰"的气息！木质植物香味，混合茉莉花香和香根草、百里香和紫檀木，"狩猎地"立即在"潇洒活泼"的时髦巴黎女性中找到了市场。男人们也掩饰不住他们的喜爱之情。"感谢您的美意。"1953 年 8 月，刚刚收到一瓶香水的奎瓦斯（Cuevas）侯爵写道："它给我带来了真正的快乐，亲爱的塔贝斯先生。我非常喜欢这款'香水之王'的味道！"而温莎（Windsor）公爵则在公爵夫人的陪伴下，应邀去比亚里茨赌场主持了香水的花园派对新品发布会。

1954 年，为了庆祝巴黎解放十周年，市政府在特罗卡德罗广场组织了一次大型活动。结果发生了首都有史以来最大的交通拥堵事件，两架在战争中幸存的轰炸机从人群上空飞过，投下无数绿白相间的降落伞，里面装的正是卡纷香水！可以想象成百上千的司机为了抢到这些从天而降的礼物，在大街上弃车而行，造成难以想象的拥堵场面……

1956 年春，让·德福孔（Jean de Faucon）用一首写给巴黎人的

温莎公爵和公爵夫人，在比亚里茨主持"狩猎地"新品发布会。
摄影：阿吉莱拉（Aguilera）
图片来源：安德烈-皮埃尔·塔贝斯收藏

小诗庆祝卡纷香水十周年：


一款香水，孩子般出生

不知不觉中成长

转眼十年

作为大家庭的一员

您见证我们最初的笑脸

支持引导我们越过艰难

欣赏我们的想法

如今十周年之际

我们由衷向您表示

万分感激

香水收藏家们梦寐以求的装有"狩猎地"样品的圆柱盒，1950 年。
吉纳维芙·丰唐与达妮埃尔·布拉米收藏。

克洛德·德尚（Claude Deschamps）小姐穿着1951 年秋冬"狩猎地"套装。
摄影：J.H.M.
照片来源：卡纷档案

奥黛丽在这一年梦想成真，加入了卡纷的模特团队，此时时装屋的名字已经永远和"我的风格"的香气联系在一起。"1956 年 8 月，到访巴黎后，我即将返回祖国南非。对于当时年少的我来说，巴黎是迷人的时尚之都，如果能找到工作，我真想留下来。可这是绝对不可能的，因为我一句法语也不会说……我坐在香街圆点广场的长椅上，看

184

卡纷香水的四位创始人：
乔治·博、莫里斯·皮诺、
安德烈-皮埃尔·塔贝斯
和让·普罗东。
图片来源：安德烈-皮埃
尔·塔贝斯收藏

着一位穿着漂亮夏装的模特在拍照。拍摄结束后，年轻女孩和摄影师
走进一个门廊。直到今天我也不清楚为什么当初跟上了他们！然后我
看到了只有电影里才会出现的场景，地毯、灯光，到处都是鲜花，还
有后来成为我一生挚爱的香水——'我的风格'。我走进了卡纷的时装
屋，她本人当时就在里面，我们相视一笑，我告诉她我在找工作，她
让我试穿了一件裙子，觉得我很可爱。我想她当初录用我，是因为我
的眼睛很绿，就像她的香水！"

1957 年，卡纷开始进军男士香水市场。"我想开发一款别致的香
水来纪念我英俊的菲利普。"她温柔而伤感地回忆道，"不能是某种'乏
味'的东西，这不符合他的品位，他最讨厌乏味了！"她想把父母家中

为了纪念亡夫菲利普·马莱，卡纷创作了无法复制的"香根草"男士香水，1957 年。
图片来源：卡纷档案

那种典型的精致气味重新带入时尚界。在父母家里以及其他老房子里，橱柜里存放的羊毛披肩散发出像没药一样持久的芳香，这就是香根草。基于波旁香根草［留尼旺（即波旁岛）的香根草是世界上最好的］，卡

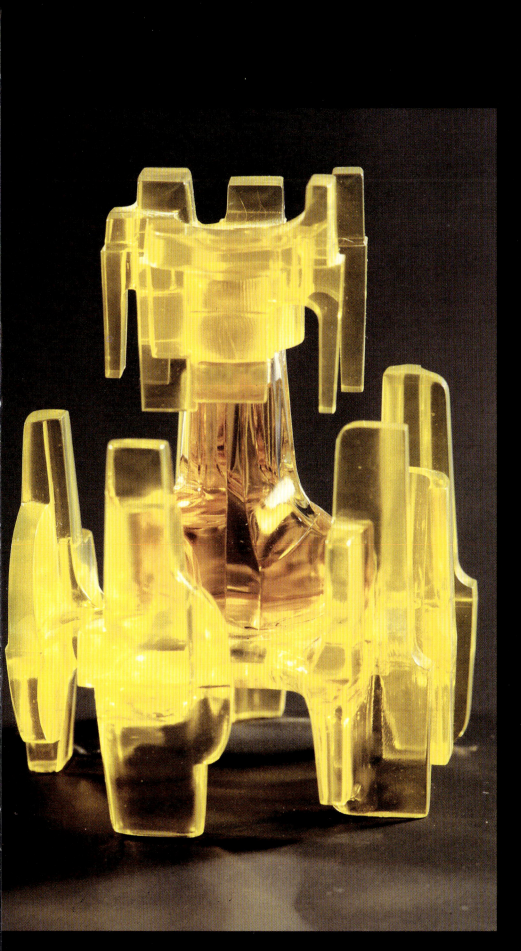

香水补充瓶，由雕塑家热拉尔·曼诺尼（Gérard Mannoni）为卡纷"变调"香水专门设计，1971年。其独创性在于，包装中内置安瓿瓶，顾客可以自己调制香精来制作香水。

摄影：皮埃尔·热夫洛（Pierre Gevlo）工作室

SCP, J.-P. 邦迪埃勒与 J.-M. 朗克里拍卖场收藏。

图片来源：卡纷档案

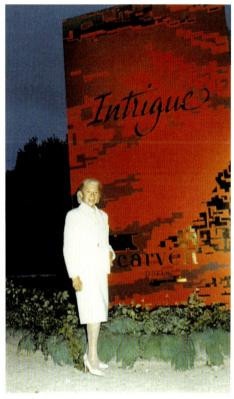

卡纷站在"阴谋"的巨型
香水包装前，上面的金色
图案与裙子上的金色图案
相呼应。
摄影：尚塞·维德斯特德

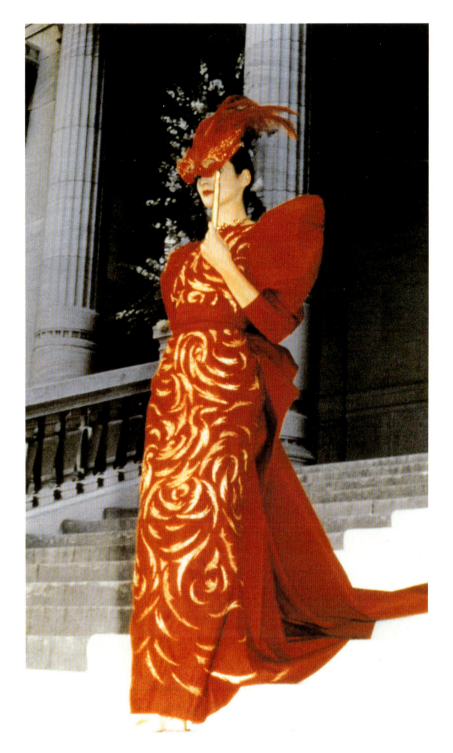

礼服"阴谋"在加列
拉宫秀台展示。
图片来源：卡纷收藏

左页：

1986 年卡纷设计的"阴谋"
晚礼服裙背部图，在加列
拉宫举行的"40 周年时装"
活动上展示。朱红色罗缎，
绣有金线和带有火焰效果
的红色棒珠。
卡纷夫人私人收藏。
摄影：多洛莱丝·马拉

纷创造了一款淡香水，其中还可以闻到格拉斯的薰衣草和柠檬香。香根草的清新和愉悦立即赢得了大众的喜爱，甚至许多女性都能够接受。多年来，许多大品牌都想抄袭而未果，卡纷一直小心翼翼地保护着自

"卡纷先生"
和他的另一半"卡纷夫人",
分别于 1977 年和 1979 年
推出。
图片来源:卡纷档案

己的配方……1988 年推出的香水版本中又加入了芫荽、肉豆蔻或胡椒等香料,使香味更富层次。

1958 年,在布鲁塞尔国际博览会上,卡纷推出了一款充满辛辣和琥珀气息的香水"绿与白(Vert et Blanc)"。这款被认为适合"特殊场合"的香水的主要成分是茉莉花,同时配有迷迭香、天竺葵和丁香。

1966 年,卡纷又一次从旅行中汲取灵感,推出了第一款男女通用的香水"龙腾水(Eau vive)",当时法航的所有航班上都提供试用。

1971 年的淡香水"变调（Variations）"既现代又感性，巧妙搭配檀香、西班牙水仙、葡萄牙的埃武拉和龙涎香，以及取代了茉莉花的风信子。

直到六年后，卡纷才再次为男士们开发了另一款香水："卡纷先生（Monsieur Carven）"，它体现了使用者的个性，更适合想要保持活力的年轻商务人士。两年后，充满魅力的女人们会选择带有东方气息的"卡纷夫人"，与"卡纷先生"形成了呼应……

1982 年，卡纷为年轻姑娘设计了一款果香和花香型的香水，名叫"花冠（Guirlandes）"。为了传达这款香水中的春意和喜悦的信息，卡纷选用了一位不知名的年轻女演员作为代言人，她就是范蕾丽尔·卡帕里斯基（Valérie Kapriski）。

1986 年，在巴黎时尚博物馆的一次大型活动上，为庆祝"品牌 40 周年"，卡纷将其存档的和客户捐赠的约一百件礼服汇集在一起，捐赠给了博物馆，丰富了馆藏。在这次晚会上，她推出了"阴谋（Intrigue）"，一款经典的情调香水，带有柑橘和其他水果的和谐气味。广告词是："每个承诺的背后都有秘密……"

1989 年，卡纷推出了"三合一"的香水"精品系列"："日间裙""晚礼服"和"梦幻连衣裙"。顾名思义，这套香水可供全天使用。

在复刻了一些被遗忘的香水后，公司决定在 1995 年推出全新的"龙腾水"并选择与盖斯特公司（Quest）最有才华的闻香师之一的吉尔·罗密（Gilles Romet）合作。"新款'龙腾水'尽管延续了卡纷一贯的精神，却是一次全新创作。"他说，"我们保留了这个名字，因为它很令人振奋！这款香水很有个性，非常清新、非常'绿色'，在卡纷的香水家族中是一个特别的存在。它的花香混合了金合欢树、茉莉、橙花和铃兰，还有熏衣草、花梨木、莳萝、芫荽、香柠檬、苹果以及香根草。水生植物调，甚至可以闻到一丝菠萝和西柚的味道……这是一款非常漂亮的香水！"

**此页以及下页：**

1953 年冬的"晚宴礼服"（及其变体）。缎面绣有珍珠、水钻、金线和人造纤维，还有烟花效果的亮片。
巴黎时尚博物馆加列拉宫收藏。
编号：1985-64-1
摄影：多洛莱丝·马拉
图片来源：卡纷档案

卡纷"龙腾水"，
瓶身由画家日默内·巴拉格尔（Jimenez
Balaguer）设计，1995 年。
图片来源：卡纷香水

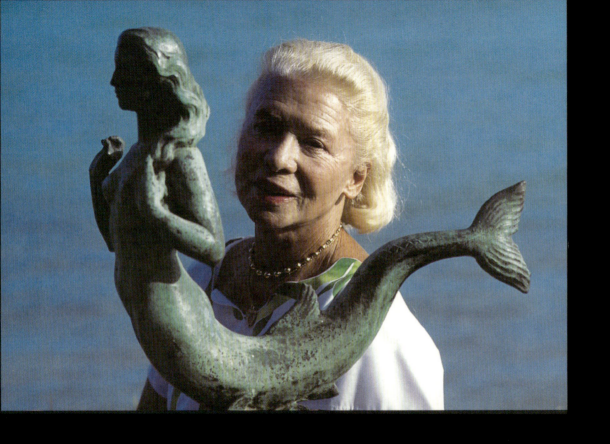

*ÉPILOGUE*

# 后　记

亲爱的卡纷：

　　一年来我们朝夕相处，现在这本书的撰写终于到了尾声。可能是因为我有些伤感，所以我觉得有必要通过给您写信来延长这一时刻。去年冬天我第一次去见您时，您穿着一身红色套装，仿佛是在蔑视灰色的冬天。您还记得吗？您总是那么快乐！

　　我们坐在勒内·格罗格的豪华书房里，面前是梅姆林那幅著名的《圣母膝上的圣子》。您以特有的简朴语言开始叙述，我们马上投入了工作。我按下小录音机，您便开始追忆往事。一天又一天，我们聊着天，在回忆中将这些年您所设计的 25000 件巨量服装一件件拼凑起来……有时装季，有世界巡回展，也有穿着绿色裙装的公主和穿着白色蝉翼纱的年轻女孩。夏天，我们在您美丽的阿盖别墅的阳光下，听着知了的叫声，像蚂蚁一样向前推进着工作。我们查看、整理和评论了数百张照片。您非常细心，总是自嘲，然后我们一起哈哈大笑。我们在一天之内去巴西跳桑巴舞，在纽约街头把埃及皇后的斗篷搭在肩上，走在香榭丽舍大街上，然后跳上飞往东方的航班去探索那里的奥秘……萨沙·吉特里和拉纳·马尔科尼（Lana Marconi）跟我们在一起，玛蒂妮·卡洛温柔地冲我们微笑，爱尔薇儿·珀派斯科用她独特的歌唱

由埃里克（Éric）绘制
的卡纷肖像，1945 年。
卡纷夫人私人收藏。
摄影：多洛莱丝·马拉

左页：
卡纷在圣弗朗索瓦岛，与
乔 治 · 吉 罗（Georges
Guiraud）的雕塑《小美人
鱼》合影。
摄影：尚塞·维德斯特德

家嗓子和我们说话……我们去看电影、去看剧、去欣赏芭蕾舞，我看到了童年时期熟悉的面孔。"我的风格"迷住了我正在给您写信的电脑，它们已经密不可分。

我还要跟您说些什么？我的作品已经到了最后一"针"，是时候"用牙齿咬断线"了……直到下一次对话，直到下一次默契的欢笑。

50 年的热情，50 年的时装，正因为有像您这样的设计师，才让华丽与梦想永存。一切还在继续……

拥抱您，谨上。

D.

马塞尔·勒库夫（Marcel Lecouffe）花费两年的时间培育出一株绿心的白色兰花，并将其命名为"卡纷"，1993 年 3 月。
摄影：尚塞·维德斯特

*REMERCIEMENTS*

# 鸣　谢

我从小就对卡纷夫人充满了仰慕之情，能参加她的时装秀对于我来说是最高的奖赏……几十年后的今天，我首先要感谢这个机会，更要感谢莫妮克·苏雄（Monique Souchon）和阿兰·格林德（Alain Gründ），是他们向我提出了写这本书的建议，并给予我足够的信任。

在一年多的时间里，卡纷与我分享了她所有的档案和记忆，我非常感谢她在百忙之中抽出的时间，感谢她陪伴我一起度过的美好时光。

弗洛莱特·拉蒂格调阅了她亲爱的丈夫的文件，找到卡纷未发表的草图，她无懈可击的记忆保证了日期的准确性。谢谢您，亲爱的弗洛莱特。如果不是雅克-亨利·拉蒂格摄影之友协会和马蒂娜·达斯捷（Martine d'Astier）向我们提供了保存完好的照片，还有雅克-亨利·拉蒂格为他的好友卡纷拍摄的照片，本书便不可能有这些精美的插图。对此，我们表示万分感谢。

穿过卡纷设计的服装的优雅的巴黎女士们热情地回答了我的问题，在此感谢巴黎女公爵对关于女儿礼服的回忆，感谢达尔古公爵夫人、埃马纽埃尔·雷耶男爵夫人、贝尔纳·圣玛丽夫人、弗洛朗丝·科隆纳-瓦莱夫斯卡夫人、埃德蒙·德罗斯柴尔德夫人、达夫妮·德圣马索小姐、瓦莱里·吉斯卡尔·德斯坦夫人和茜尔维·热纳瓦夫人。

巴黎歌剧院的明星们、演员们和歌手们也非常友善地为我们追忆往事，并把个人资料交付给我们。感谢雅妮娜·沙拉女士、卢德米拉·契琳娜女士、塞西尔·奥布里女士、布丽吉特·佛西女士、奥黛特·茹瓦耶女士、埃利娜·拉布尔代特女士、玛丽-若泽·纳特女士、丽娜·雷诺女士、西蒙妮·西蒙女士和雅克琳·弗朗索瓦女士。

让·马努萨尔迪（Jean Manusardi）先生，卡纷夫人的侄子，公司多年来的亲密合作者，同时也是艾尔莎——卡纷工作室的一位漂亮模特的丈夫，他也向我们提供了非常珍贵的信息。感谢他。

安德烈 - 皮埃尔·塔贝斯的回忆以及他讲述的轶事，帮助我们复述出卡纷夫人的香水创作过程。他还向我们提供了档案资料。还有妮科尔·特罗塔巴女士技术细节上的支持，以及盖斯特公司的吉尔·罗密先生对新版"龙腾水"的描绘。我们在此一并表示感谢。

加列拉宫的巴黎时尚博物馆馆长卡特琳·茹安 - 迪耶泰勒女士在这部书的编写过程中也为我们提供了宝贵的帮助，并授权我们拍摄博物馆珍藏的作品和文件。我们在这里向她表示衷心的感谢。同时感谢馆长法比亚娜·法吕埃尔（Fabienne Falluel）女士、提供帽子的纳迪娜·哈斯（Nadine Haas）女士、提供草图的弗朗索瓦丝·维图（Françoise Vittu）女士以及图书馆的安妮·巴尔贝拉（Annie Barbera）女士。在加列拉 - 塞尔旺修复工作室，约瑟芬·佩拉（Joséphine Pellas）和安托瓦妮特·维拉（Antoinette Villa）为我们巧妙地将这些易碎作品从其封面和薄纸中取出，并将摄影工作室交给我们使用。达妮埃尔·奥利维里（Danielle Ollivieri）、诺埃勒·萨尔瓦伊雷（Noëlle Salvaire）、科琳娜·多姆（Corinne Dom）和拉谢尔·奥利亚克（Rachel Orliac）则是我们的礼服高手，在此也一并向他们表示感谢。

关于卡纷 - 格罗格夫妇对卢浮宫的捐赠，我们采访了博物馆馆长皮埃尔·罗森贝格（Pierre Rosenberg）先生以及策展人兼艺术品部负责人达尼埃尔·阿尔库夫（Daniel Alcouffe）先生。

玛蒂尔德·迪朗迪（Mathilde Durandy）提供的信息也给了我莫大的帮助，她是巴黎优雅与美丽的典范。还有克洛德·圣西尔、林娜·沃特兰、法比亚娜·肖舒尔和奥黛丽·埃曼（后两位是卡纷当年的模特）、伊薇特·布罗卡斯、沃恩·格雷迪泽、玛丽 - 安德烈·茹夫、萨比娜·勒万、娜伊拉·蒙布里松、乔伊斯·诺布尔、德尼丝·蒂阿尔和伊丽莎白·W. 樊尚。我还要感谢亚历山大、让·巴特和艾伦·格雷厄姆，感谢他们超强的记忆力，以及马克西姆·茹贝东和亨利·莱亚。同时感谢卡地亚公司的帕特里夏·席夫鲍尔（Patricia Schiffbauer）、梵克雅宝公司的阿尼塞·卡纳维（Anicet Canavy），还有艺术之香（Parfum Art et Valeur）的吉纳维芙·丰唐（Geneviève Fontan）女士，感谢水晶、玻璃香水上诉法院鉴定专家 J.-M. 马丁 - 哈滕贝里（J.-M. Martin-Hattemberg）所提供的建议与珍贵的资料。

我还要感谢阿莱霍·维达尔·夸德拉斯女士，授权我们翻印她先生的两件作品；感谢让 - 德尼·马尔克莱斯为卡纷创作的画作；感谢尚塔尔·康塞斯（Chantal Cancès）允许我们采用父亲让·法孔 - 马雷克（Jean Facon-Marec）创作的素描。

伊普索·法克托设计室（Ipso Facto）的帕特里克·库里沃（Patrick Courivaud）保证了本书的艺术性，我在此表示真挚的感谢。

卡纷工作室的执行总经理弗朗索瓦·J.贝朗盖兹（François J. Bellenguez）先生和授权总监米歇尔·吉耶曼（Michel Guillemain），在本书的编写过程中也为我们提供了建设性的建议和鼓励。工作室的工人们也跟我们分享了一些祖传的小秘密。

我很高兴能与多洛莱丝·马拉合作，她用天才的摄影技术充满热情地拍摄了卡纷的礼服。感谢您，多洛莱丝。

最后我要感谢伟大的摄影师乔治·图尔吉曼，他是雅克 - 亨利·拉蒂格的朋友，本书开篇便是他为卡纷友情拍摄的肖像照。

---

本书中大部分插图由卡纷夫人亲自提供。遗憾的是，尽管我们做了大量工作，有些照片仍未能确定原作者的身份。

*BIBLIOGRAPHIE*

—————— 参考书目 ——————

Archives of the magazines *L'Album de la Mode du Figaro, L'Officiel de la Couture et de la Mode de Paris, Marie-Claire, Marie-France, Elle, Paris-Match, Votre Beauté, Fleur Bleue la revue du lin, Vogue, Fémina, La Femme Chic,* and *Le Petit Écho de la Mode.*

*L'Œil de la mémoire,* by Jacques-Henri Lartigue. Éditions Carrère-Michel Lafon, 1968.

*Jacques-Henri Lartigue, la traversée du siècle,* by Florette Lartigue. Éditions Bordas, 1990.

*La Vie parisienne sous l'Occupation* (volumes 1 and 2), by Hervé Le Boterf. Éditions France-Empire, 1975.

*La Vie des Français sous l'Occupation,* by Henri Amouroux. Librairie Arthème Fayard, 1961.

*Journal sous l'Occupation,* by Marcel Jouhandeau. Éditions Gallimard, 1980.

*Les Français à Londres,* by Pierre Accoce. Éditions Balland, 1989.

*Le plus clair de mon temps 1926-1987,* by Edouard Mac'Avoy. Éditions Ramsay, 1988.

*Journal 1940-1950,* by Jean Galtier-Boissière. Éditions du Quai Voltaire, 1993.

*Mon Journal depuis la Libération,* by Jean Galtier-Boissière. Éditions La Jeune Parque, 1945.

*Vingt-cinq années de liberté,* by Albert Fabre-Luce. Éditions Julliard, 1964.

*Un gentilhomme cosmopolite, mémoires,* by Jean-Louis de Faucigny-Lucinge. Éditions Perrin, 1990.

*Cinquante ans de panache,* by André de Fouquières. Éditions Pierre Horay, 1951.

*Le cinéma sous l'Occupation,* by Jean-Pierre Bertin-Maghit. Éditions Olivier Orban, 1989.

*Le monde a encore un visage,* by François Reichenbach. Éditions Stock, 1981.

*Quatre ans d'Occupation,* by Sacha Guitry. Éditions L'Élan, 1947.

*Sacha Guitry,* by Raymond Castans. Éditions de Fallois, 1993.

*Colette: romans, récits, souvenirs* (1941-1949). Éditions Robert Laffont, collection "Bouquins", 1989.

*Critiques dramatiques* (1934-1938). Éditions Robert Laffont, collection "Bouquins", 1989.

*Lettres aux petites fermières,* by Colette. Éditions Le Castor Astral, 1992.

*Jeux, modes et masses, 1945-1985*, by Paul Yonnet. Éditions Gallimard, 1985.

*La Mode sous l'Occupation*, by Dominique Veillon. Éditions Payot, 1990.

*Dictionnaire du costume et de ses accessoires, des armes et des étoffes, des origines à nos jours,* by
     Maurice Leloir, Éditions Gründ, 1951, 3e éd. 1992.

*Histoire technique et morale du vêtement*, by Maguelonne Toussaint-Samat. Éditions Bordas, 1990.

*Costume and Fashion: A Precise History*, by James Laver. Thames and Hudson, 1990.

*Robes du soir 1850-1990*. Catalogue of an exhibition at the Musée de la Mode et du Costume, Palais  Galliera,
     1990.

*D.V.*, by Diana Vreeland. Alfred A. Knopf, New York 1984.

*Marcel Rochas, mode 1925-1985*, by Françoise Mohrt. Éditions Jacques Damase, 1983.

*Elsa Schiaparelli: Empress of Paris Fashion*, by Palmer White. Aurum Press, London, 1986.

*Paquin*, by Dominique Sirop. Éditions Adam Biro, 1989.

*Jeanne Lanvin*, by J. Alaux, F. Baudot, S. de Chirée and P. Mauriès. Éditions Franco Maria Ricci, 1988.

*Jacques Fath*, by Valérie Guillaume. Éditions Adam Biro, 1993.

*Mode des années 40*, by Yvonne Deslandres. Éditions Seuil-Regard, 1985.

*Le Théâtre de la mode*, edited by Susan Train. Éditions Du May, 1990.

*Givenchy, 40 ans de création*, by Catherine Join-Diéterle, Susan Train and Marie-José Lepicard. Éditions
     Paris-Musées, 1991.

*Balenciaga*, by Marie-André Jouve and Jacqueline Demomex. Éditions du Regard, 1988.

*1945-1950, la France du baby-boom, les photos retrouvées de l'AFP*, introduced by Henri Amouroux.
     Éditions La Découverte/Agence France Presse, 1991.

*Nos années 80*, exhibition catalogue, Union des Arts décoratifs, 1990.

*Lee Miller, photographe et correspondante de guerre 1944-1945*, edited by Antony Penrose. Éditions Du
     May, 1994.

*Le Siècle en chapeaux: Claude Saint-Cyr, histoire d'une modiste*, by Jacqueline Demornex. Éditions Du
     May, 1991.

*Line Vautrin: Jeweller, Sculptor, Magician*, by Line Vautrin and Patrick Mauriès. Thames and Hudson, 1992.

*Cartier*, by Hans Nadelhoffer. Éditions du Regard, 1984.

*Van Cleef & Arpels*, by Sylvie Raulet. Éditions du Regard, 1986.

*La Cote internationale des échantillons de parfum 1995-1996*, by Fontan and Barnouin. Éditions 813,
     Toulouse, 1994.

图书在版编目（CIP）数据

卡纷：始于1945年的法式优雅 /（法）多米妮克·
波尔韦著；（法）多洛莱丝·马拉摄影；戴捷译. -- 重
庆：重庆大学出版社，2021.8
（万花筒）
ISBN 978-7-5689-2847-2

Ⅰ.①卡…　Ⅱ.①多…　②多…　③戴…　Ⅲ.①卡纷—
传记　Ⅳ.①K835.645.7

中国版本图书馆CIP数据核字（2021）第134070号

卡纷：始于 1945 年的法式优雅
KAFEN:SHIYU 1945 NIAN DE FASHI YOUYA

〔法〕多米妮克·波尔韦　著
〔法〕多洛莱丝·马拉　摄影
　　　戴捷　译

责任编辑：张　维
责任校对：夏　宇
装帧设计：崔晓晋
责任印制：张　策

重庆大学出版社出版发行
出版人：饶帮华
社址：（401331）重庆市沙坪坝区大学城西路 21 号
网址：http://www.cqup.com.cn
印刷：天津图文方嘉印刷有限公司

开本：965mm×1270mm　1/16　印张：13.25　字数：307 千
2021 年 8 月第 1 版　　2021 年 8 月第 1 次印刷
ISBN 978-7-5689-2847-2　定价：276.00 元

版贸核渝字（2021）第053号